おだやかに生きるための人生相談

美輪明宏

朝日新聞出版

おだやかに生きるための人生相談

目次

第3章 きょうだい、親戚、友人、厄介な人づき合いの整理法

第4章 子どもを愛する親、親を憎む子ども ……113

アートディレクション　坂井智明（ブランシック）
デザイン　中島健作（ブランシック）
写　真　御堂義乘

第1章

恋と欲望といかにつきあうか

決意の整形に失敗、どうすれば

［女性　30代］

私は30代ですが、独身の女性です。おそらくほかの人よりも劣等感が強いのでしょうか、他人と比べてしまう自分を愛せないままでいます。

そして、幼い頃から家族にも「ブス」と言われながら育ったことが原因になっているのかもしれませんが、どうしても自分の容姿に自信が持てないのです。

そうであればと、内面を磨く努力をしてきたつもりです。具体的には、これまでたくさんの本を読みました。美術に触れてきました。一人で海外にも旅行しました。

海外では、様々な人種の中にいることによって、日本にいる時よりも「人間は、みんな違って当たり前なんだ」と感じることができました。心が楽になったのです。

けれども、日本に帰ってくると、どうしても他人と比べてしまうのです。苦しいのです。

そんな自分の醜い容姿が嫌で、ついに美容整形をしました。成功すれば劣等感を克服できると思ったのですが、結果は失敗。私の鼻は、左右非対称になり、これまでよりも更に醜くなってしまいました。

もう整形手術はしません。あれ以降、鏡も極力見ないようにして生きています。

楽に生きるために、これ以上何をしたらいいのでしょうか？　美輪さんにご相談させて下さい。

回答

笑顔ときれいな姿勢で先入観覆しては

女性の値打ちというものは、顔かたちばかりではないですよ。もちろん、色々と違《ちが》いはあります。

まず、麗しい人。これは精神的にも優れ、教養も知性もあり、人格的にも素晴らしくて容姿が整い、動きも上品でしなやか。これはいません。

次に美しい人。知識教養はそれほどでもないけれど、そこそこ端正で、人間的に思いやりや何かがある人です。

きれいな人というのは、容姿が整っている。それだけ。

醜い女性というのは、容姿だけでなく、思いやりも何もない。心がけも悪い。

そうならないように気をつけなければいけないということです。頭だけは良くて、罪を犯す人もいる。

相談者の方は、難しいけれど、人柄で勝負する方法がありますね。それには、まずほほ笑む練習。私は美容整形も否定しませんが、手術のようにお金はかかりません。無理をしてでも、常にほほ笑みを絶やさないように。

誰が見ても器量のよくない女性に対し、人は先入観を持って接してきます。暗くて、ねたんだり、ひがんだりするのだろうなと。それを裏切ればいいのです。「そんなにきれいでもないのに、どうしていつもニコニコしているんだろう」って。

相談者は暗さを全く見せずにニコニコしていれば、先入観は覆せて、人柄が好かれます。

常にそういう精神でいるには、姿勢を良くして背筋を立てること。前首（首猫背）にはしてはいけません。天に近いぐらい、首をまっすぐにして、宙に浮いているような状態でね。肉体をまっすぐにすると、理性が戻ってくるのです。精神もシャンとしてきます。不思議なものです。

それほど素敵でもない男性が美女と一緒に歩いていたり、その逆で、すてきな男性が素敵じゃない女性を連れていたりすることがあります。それはセックスの技術がいいから離れられないというケースも聞いたことがあります。そこにこぎ着けるまでは大変でしょうけれど。

あと、女性の場合は積極的になりすぎると、男の人がしらけて引いてしまうんです。最初は男性を追いかけるよりも、そういう意味での欲望がないようにさり気なく上品に振る舞った方が10倍くらいいい女に見えるのです。

関係した女性が忘れられません

［男性　79歳］

美輪さんの「悩みのるつぼ」、いつも人生の参考にさせて頂いています。私は48歳の時に前の妻をがんで亡くしました。悲しみのあまりショックに陥り、その後はうつ状態になって身近な女性たちに心身ともに支えてもらいました。もっと具体的にいうと、手当たり次第に肉体関係を結んだのです。あの頃、優しくしてくれた女性たちには、今思い返しても感謝の気持ちでいっぱいです。

その後、私は再婚し、幸せな家庭生活を送っているのですが、時々かつてのような欲望が抑えきれなくなってしまうのです。よせばいいのに、こんな年齢になってしまっても我慢できず、ついついかつて関係を持った女性たちに電話をしてしまうのです。そしてもちろん、彼女たち全員から即断られ、話すらできない状態です。

女性は、状況が変われば昔の思い出など全くなかったことのように毅然《きぜん》とした態度を取りますが、男は違います。未練たらしく、何度も電話をしては、断られてしまうのです。

何とかして、この現実を受け入れたいとは思っているのですが、欲望と未練にまみれて、何度も何度も同じことを繰り返してしまう日々です。

こんな思いを断ち切るには、どうしたらいいのでしょうか？　もっと男らしく、楽しい人生を送りたいと思っています。どうかお導き下さい。

回答

ほかに生きがいを持ってみては

79歳で精力絶倫。結構な人生じゃありませんか。再婚した奥様もいらっしゃるのに、毎日同じ「定食」では嫌なのですね。日替わりで違うものを食べたい。まあ、それが人間の本能ですかね。

しかし、昔の女性に即断られるのは当然です。女性は現実を見て、男性は夢を見るという典型的なパターンですね。どんなに愛し合っていた人でも、いったん別れた人に対しては徹底的に、何もなかったかのごとく氷のような対応になるのが女性です。男の方は、どんなにひどい捨てられ方をしても、ただセックスが良かったことだけを思い出して、未練がましく連絡する。当然「私、今忙しいから。さよなら。二度と電話しないでね」と言われて終わりです。思い当たる節がある男性も多いのでは？

容姿も80歳近くなると、もはや女性から見れば異性ではなく、単なる年寄りであることを肝に銘じた方がいいでしょう。それから、女性に対して無理に行為に及ぶのはもちろん、ストーカー行為も犯罪ですから、嫌がられているのに電話をかけても犯罪になる可能性だってあるのです。

色欲に溺れるのは男性ばかりではありません。女性にだって昔からいます。古い物語の中にも、若い男に欲情して、性交するおばあさんが出てきます。

欲望をどう処理するか。これはいわば人類にとっての永遠の課題で、どこで自分を納得させるかという問いでもあります。断食道場じゃないけれど、無念無想の禅の世界で修行してみるのも一つの手かもしれません。あと、元気なことは結構なことですが、ほかに夢中になる、生きがいのようなものをお持ちになるとよろしいかと。人間は、こういう時のために文化を作り出したのです。悶々《もんもん》とする思いを、ほかにぶつけて下さい。冷静でなければできない囲碁やチェス、将棋はおすすめです。感情的になっては勝負になりませんから。

まず一度禅寺へ行って、そういう世界をのぞいて、それから囲碁や将棋をはじめると良いのではないでしょうか。女性に断られ続けて、このまま布団の端をかじっているより、ずっと健康的です。

人間は、何もかも思いのまま、欲望のままに行動することは許されません。それは、はた目から見てどんなに有名な人でも、権力のある人でも同じです。

人生とは、そういうものだと私は思っています。

彼の気持ちがわからない

［女性　20代］

20代後半の女性です。

悩みは、男友達の気持ちがわからないことです。

私には好きな男性がいて、その彼とは5年近く友達でいます。同じ職業で、勉強会で知り合いました。

普段住んでいる地域が遠いので、年に1回学会で会う程度ですが、会うとだいたい一緒に食事をしたり、飲みに行ったりします。彼は私の気持ちに気づいていると思います。

最近、彼が彼女と別れたようで、頻繁に連絡が来るようになりました。その中で、体の関係を要求されます。

「寂しいから癒やして」「性欲が強くて困っている」などと言われるのです。いつも笑って流していますが、最近は1カ月で5回もこういうことがありました。

私は、もし彼から「つきあおうよ」と言われるのであれば、喜んで受け入れるのですが、そのような言葉はなく、ただ体の関係を迫られるだけなのです。正直、そこから真剣な交際に発展するのであれば、要求に応じてもいいのかな、と思います。でも今の状況だと、ただの都合のいい女にされたり、一夜限りのことで終わったりするような気がして迷っています。

彼はどのように考えているのでしょうか？　また、それを探るにはどのような対応をしたらいいでしょうか？　ご教授下さい。

回答

「なぜ私と?」と問いただそう

彼は「つきあおう」とも「愛している」とも言わないのですね。取りようによっては正直で、ある種の責任感は持っているのかもしれません。女性と寝るためだけに、思ってもいない言葉を口走る人も多いのですから。

自然界を見ても、動植物のオスは元来、あちこちに自分の子孫を残したいという本能で行動します。相談者に言い寄っている彼は、男性というよりオスなのですね。

もしどうしても気になるのであれば、相談者は彼に対して一度、ストレートに「なぜ私と?」と問いただしてみてはいかがでしょうか。「ただセックスだけなのですか。なぜですか?」「愛情には責任も伴いますが、それはないんですか?」と。

元はといえば、あなたが「好き好き光線」を彼に浴びせていたから足下を見られ、体を目当てに寄ってきた可能性は高いですね。そうであれば、こういう男性は、もしほかに自分に好意を寄せている女性を見つけたら、そっちにも行ってしまうでしょう。

ただ、あなたには、いろんな状況を納得したうえで、流されてみるという選択肢だってあります。どうしても体の相性がよくない人は存在しますし、逆に、どんな相手とも合うような人もいます。「魔性の女」という言葉がありますが、男女問わずメリメ作の『カルメン』のような人はいる。あなたがいろいろと「勉強」をして、そういう女性になるのであれば、この男性はあなたから離れられなくなって、ほかの女性に目がいくこともないでしょう。

ただ、一つ気がかりがあります。その男性が、なぜ前の恋人と別れることになったのかは調べておいた方がいいと思います。本人は、なかなか言わないかもしれませんし、言ったとしても本当かどうかはわからないですが、もし可能であれば、第三者からそれとなく聞いておくべきです。何か問題があるのかもしれないですし、実際には恋人と別れていないのに、浮気するために「彼女とは別れた」とうそをついているかもしれませんから。

ただ、そういう悪い男は、魅力があるのも事実ですよね。ほとんどの「いい人」は善良なだけで、性的な魅力が今一つということも。とにかく、まだ相手の男性とは深い関係ではないのですから、今後はご自分で決断して下さい。どんな選択も相談者次第。私の回答を参考にして頂ければ幸いですが、あくまで参考です。

老いらくの恋、どうすれば……

［女性　70代］

中学校時代の同窓会に参加し、55年ぶりに再会した同級生に恋をしてしまいました。時折胸が締めつけられ、涙さえ流れてしまいます。まったく、いい年をしてこんなことになり、「誰かどうにかして！」と叫べたなら、少しは楽になるのかもしれませんが……。

彼との関係はその昔、思春期に手紙のやりとりをし、美術館に行くなど、純愛そのものでした。その後、どちらからともなく交信が遠のき、それぞれ社会人から子育て時代に突入、そして今ではお互い、孫のかわいさにしわを増やしている「じじ」と「ばば」です。

それが、同窓会報を介して「お互いの消息だけでも知りたい」との思いが通じての再会でした。うれしさのあまりメールのやりとりを重ねるうち、当時伝えきれなかった思いがよみがえり、70代のこの身にのしかかっています。山ほどの家事も手につかず、募っていく熱い思いに難儀しているのです。

このほとぼりは、自然に冷めてゆくものなのでしょうか？　この年になって思春期のすてきな感情を味わうという、想像もしなかった事態です。大きなよろこびとともに、いつまで続くのか、エネルギーが奪われ燃え尽きてしまいそうな不安感もあるのです。

どうすればいいのか、かなうことなら美輪明宏様にご回答頂ければ大変うれしいです。よろしくお願いします。

回答

現実的なことも冷静に考えて

この方は、若い頃にやり残したことを遂げたい、つまり最後まで行きたいと思っているのでしょう。「女性は灰になるまで」といいますが、一方で男性の場合、よほどの人でないと不能になります。いざという時に情けない、みじめな思いをさせることになるかもしれません。うまくいかなかった場合、男性は落ち込み、謝罪するでしょう。

それから、お二人ともお孫さんがいるのですね。文面から見るに、この相談者の方は、あまりロジカルに物事を考えるタイプではないようにも思えます。私には「夢みる夢子さん」に見えます。現実に、冷静に物を考えれば、現状維持の方が幸せでいられるということに気がついていないのです。思いのまま突っ走れば、家族のことや経済的なことなど、今のままであれば面倒ではない様々なことが、一気に面倒な事態になってしまうかもしれません。

それでも当たって砕けろでいくのか、苦しいけれど現状維持で、甘く切ない感情をずっと保ち続けるか。そこまでいくと、もはや当事者の問題です。他人の下半身にまで口を出す権限は、互いの恋人や配偶者などの当事者以外にはないと思いますので、私がどうこう言うことではありません。

それを前提に申し上げると、現実的に男性と結ばれたとして、お互いの家族はどんな反応を示すでしょうか。二人で暮らすことになったとして、年金以外に経済的な裏づけがあるのでしょうか。

経済的なハードルを乗り越えたとしても、年齢的に、いつ病気やけがをするかわかりません。自分以外に、相手の面倒を一緒にみてくれる人はいるのでしょうか。それぞれの子どもが、そういう状況で協力してくれるでしょうか。

若ければ情熱だけで突っ走れますが、現在の年齢ですと葬式をどうするか、そういった問題が付随してくるのです。現実は、テレビドラマのようにはいきません。まずそれを、どういうふうに、じゃあそうなったら誰に頼むのか……。自分の家族も面倒をみてくれるのか、家族は大賛成してくれるのか、そういう整理ができるのなら、どうぞ、と思いますね。

それから、もう一つ。お墓の問題も大切です。一緒になったとして、どちらのお墓に納骨するのか。先祖や、残している家族のことを思うと、どうでしょうか。そういったことを一つひとつ、よくお考えのうえ、結論を出して下さい。

恋人ができず、むなしい

［女性　30代］

福祉関係の職についている者です。昔から、人間関係をきちんと築けないという悩みがあります。そして、現在は30代半ばですが、この年齢になっても恋人ができない自分の状況に、猛烈なむなしさと、生きていることが無駄ではないか、という思いにさいなまれています。

私は幼稚園の頃から、ほかの子どもの輪に入れず、一人で絵を描いて過ごしていました。わがままで、自宅では思い通りにならないとかんしゃくを起こす一方、外では常に人目が気になりました。

学生時代から「場」に合った表情や発言ができず、仕事の能力も低いので、周りからは「どうでもいい人」と軽んじられているように思えます。

ただ、こんな私でも、年齢を重ねるごとに、少しずつ人と共に過ごす時間や友人、家族のありがたみを感じるようになってきました。ただ、そうすると、恋人ができないことがとても寂しく思えるのです。

自分が他人を思いやらなければ、誰からも愛されないのだろう、ということはわかります。しかし、心から人を慈しみ、愛せる方法が、私にはわからないのです。何かいい方法があればお教えいただきたいと思っているのです。

どうしたらいいですか？　それとも、「これは自分の性質だから」と、ある程度割り切って生きてゆくしかないのでしょうか。

回答

いつも愛想よくニコニコして

相談者の方は、お手紙では、幼い頃からコンプレックスを抱えていたことはわかります。悩みの相談を読んで一番気になったのは、とても後ろ向きで、これでは暗いオーラを周囲に放ってしまっているのではないかということです。

昔、私の知り合いで、あまり器量のよくない女性がいました。ところがその人は、とても男性にモテるんです。男性に「どこが好きなの？」と聞くと、「あの子の笑顔が大好きなんだ。優しく笑っている表情を見ると、疲れや悩みが吹っ飛んで癒やされる。こんな人と家庭を持ったら、一生あのほほ笑みで迎えられるのかと思って求婚した」と言っていました。

女性にも人気でした。いつも周囲を気遣って、自分のことよりも人のことばかり心配している人。誰もが面倒だな、と思うようなことでも「ああ、いいですよ。私がやりますから」って。そういう人って、モテないはずがないんですよね。

幼い頃は「ブス」と言われて、いじめられたと言っていました。でも「ええ。私は器量はよくないから」って受け流していたといいます。そしてずっと、内面を磨いてきたのでしょうね。

相談者の方は、まずは「自分はどうせ……」みたいなことを思わないようにしてほしいですね。異性も同性も暗い人には寄ってきません。逆に、いつも愛想よくニコニコしていると、人々は近づいてきます。あなたが笑っていると周囲の人も「なんか楽しそうだな」と思うものです。

たくさん本を読んだり、参考になるような昔の映画を見たりして勉強して下さい。人生は勉強です。映画「男はつらいよ」が、なぜ今でも人気かというと、寅さんを演じる渥美清さんの笑顔が明るいからです。あの方は決して二枚目とは言えませんでした。でも、みんなに愛され続けています。答えは、もうわかりますよね。あなた自身が誘蛾灯《ゆうが》のように明るくなれば、虫たちのように男が寄ってきますよ。もちろん異性だけじゃなくて、女性の友人も増えるでしょう。

最後に一つ。「自分にはできない」と思わないで下さい。あなたはできます。今の自分に疑問を持っているからこそ、こうして相談してきたのですから。実は、その時点で半分は達成しています。他人を一切思いやることなく、自らを省みなければ「私はこれでいい」と、相談なんてしてこなかったでしょう。

第2章

愛したはずが憎しみに変わる、夫婦という関係

夫が死ぬ前に過去の浮気を告白

［女性　75歳］

私の主人は亡くなる2カ月前に「20年間浮気をしていた」と言いました。相手は主人と同僚だった女性で、仕事の補助で一緒にいても出かけても怪しまれない人だったとのことです。

私と結婚して12年経《た》った頃から続いていたそうです。仕事に行く途中や、車の中などでも密会を重ねていたといい、私は驚くばかりでした。

問い詰めたところ、主人は「あんまり好きじゃなかった」と答えました。「どうして続いたの？」と聞くと「そばにいたし、よく『行きましょう』と誘われて、何となく続いてしまった」と。そんな関係をやめたのは、主人が病気になったからだといい、「やめきれなかったもんなあー」と言ったのです。

本来、私を連れていくべき会社の招待の会合にも彼女を連れて行ったとのこと。私は夫が単純に旅行に行っていたと思っていたので、これが一番こたえました。

私は結婚して54年、主人が病気になってからも長年支え続けました。相手の女性にも夫と4人の子どもがいます。20年も関係を続け、自分の夫や私に悪いと思わなかったのか、あきれています。

主人は趣味の釣りに行き、ラジコン車やライフルをいくつも買い、好きに生きた人でした。その一方で、私たち夫婦は娘を大学に行かせることもかないませんでした。気持ちの持って行き場に困り、おさまりません。

回答

元来無神経な人のために悩むのはムダ

普通に考えれば、こんなに長い間、何も気づかないというのはおかしいですよね。このご主人、釣りによく行って、ライフルも好きだというから、猟に出かけていたのでしょうか。言い換えれば殺生が好きだったんでしょうね。

宗教では、殺生を禁じるものもあるでしょう。食べるものも野菜だけとか、肉類はだめとか。釣りや猟に行くというと、おしゃれな感じもしますが、要は殺生。それがとっても好きだった人というと、おのずとどういう人だったかが見えてきます。

旦那さんの唯一のとりえは、とにかく馬鹿正直なところだったのですね。それだけに、言葉は額面通りに受け取ってもいい。「あんまり好きじゃなかった」と、おっしゃったでしょう？　誘われたから、ボンヤリと関係が続いたんでしょう？　「据え膳食わぬは男の恥」と、昔から言いますでしょう。

以前にも別の相談で、浮気は単なる生理現象だと言いましたが、その程度のこと。登山家が「なぜ山に登るのか」と問われて「そこに山があったから」と答えるようなものです。相手の女性に愛情や恋心を抱くことは一切なかったのでしょう。魚を釣ったり、猟で動物を撃ったりするのと同じで、精神的なものは何も伴わずに、単なるゲームのように何も考えずに遊んでいただけ。だからこそ、奥さんも気づかなかったのではないでしょうか。

ご主人のようなケースは、一般的な、普通の人の恋愛や浮気と一緒にしてはいけません。相手との関係に悩むことや、会いたいと恋い焦がれる思い、その女性のもとに走って家庭を捨てようかどうかと悩み苦しむようなことも、一切なかったんですから。

そんなことで、こちらが真面目に悩んだり、苦しんだりする必要なんてありません。「なーんだ。主人は陸釣《おか》りに行ってただけなんだ」と思えばよいのです。

きっとご主人は、あなたに対して相手の女性のことを「あんまり好きじゃなかった」と言いながら、自分でも「あれは一体何だったんだろう」と、変に思ったことでしょうね。だから、深刻に向き合うような問題ではございませんよ。なぜなら、洗いざらい話してしまうほど、貴女を人間的にとても信頼していたということなのですから。つまりそれは愛です。

妻が都会への移住を言い出した

［男性　74歳］

北海道に住んでいます。道外出身の妻（74）が関西の大都市に移住したいと突然言い出し、それから2カ月経っても折り合いがつかず困っています。「4年前から考えていた。高齢になって冬の寒さがきつくなった。残りの人生をコンサートや映画や演劇を楽しめる温暖なところで過ごしたい。今年移りたい」と言うのです。詳しく調べて作った計画書を見せられ、今住んでいる家を売ればマンションを買っても余裕が出るそうです。

新聞や雑誌を見るたびに「この映画を見たい、このコンサートが聴きたい」と言っていましたが、メディアに載るような上演は当地ではほとんどなく、それを承知で愚痴を言っているだけと思っていましたが、移住計画書を作るほどのことだったとは思いもよりませんでした。もっと前から言ってくれていれば、お互いに話し合うこともできたでしょうに、なぜ唐突にと不信感がこみ上げてきます。

この街にも映画館が2館、年に一、二度オーケストラや劇団がくる市民会館と小規模の音楽ホールがあるのに、「それでは満足できない」と言います。

道内の極寒の地には、もっと高齢の方がたくさん暮らしているのに、結婚以来住んできたこの地の寒さに耐えられないのは理解不能です。別居して互いに行き来できればいいのですが経済的に不可能です。妻を諦めさせる方法を教えて下さい。

回答

男も芝居や音楽を楽しんでは

奥様は、ずっと我慢してきたのでは。そして、いよいよあと何年も生きられないと思い、いてもたってもいられなくなったのでしょう。

残念なことに日本の男性の多くは文化にあまり興味がありません。これは戦時中の影響で、「文化は軟弱」「芝居や音楽は女子の見るもので、男子が行くところではない」という考えが、まだ残っています。ですが、現在はロックフェスやアイドルの公演には男性も行きます。

海外の多くの国では、オペラや美術館でも、男女半々です。けれども日本は女性が多勢。日本の多くの男性は文化を「食べてゆくには要らないもの」と思っていらっしゃる。その典型が、このご主人で。街にも映画館が、というけれど、最近の映画は叙情的なものは本当に少なくなりました。アメリカの映画なんてカーチェイス、怒鳴りあい、爆発、ＣＧばかりのこけおどし。美男美女も全然出てこないし、ＢＧＭもいいものがありません。

都会では、インターネットで探せる低料金の文化教室や、規模の大きい図書館があります。だから、奥様は都会に住みたいというより、文化の心の潤いが欲しいと思っているはずです。大きなズレはそこでしょう。

もっと年上の人が極寒を我慢していると言いますが、元々北海道の方と、途中から行った人では違います。このまま奥様が亡くなったら怨霊になってしまいますよ。「諦めさせる方法」よりも、ご主人が理解するべきです。今までは夫の都合で、ずっと奥様が我慢してきたんですから。そういうことに無理解なところもつらいのだと思います。

日本の男と女は、女性の方が文化の面では進んでいます。男は戦時中のまま。大正、昭和初期までは男性も舞台に通っていました。けれど戦争の時に「文化は軟弱である」という考えを植えつけられた流れで、今も脳みそが筋肉だけの男たちが政治家になり、支持を得ています。

ご主人も今のままでは思いやりやデリカシーがない人のままです。奥様は計画を立てて下調べをして、色々心当たりも探していらっしゃる。それに乗ればいいじゃありませんか。夫婦そろってお芝居や音楽会に足を運べば、自分も楽しく新しくなると思います。そうでなければ、文化に興味のない、ただ生きているだけの女性と一緒になればよかったのではないでしょうか。

モラハラの夫との生活がつらい

［会社員女性　48歳］

私は48歳の女性会社員で、モラハラの夫と、一人っ子の高校生の男の子がいます。夫とは6年前からセックスレスの関係が続いています。きっかけは私の求めを拒んだことで、それ以来夫への愛情は全くなくなってしまいました。

2年前には、夫の暴力で警察沙汰となり、別居を経てから離婚を要求したのですが、夫は受け入れませんでした。そのことを機に夫は人格障害であることを自覚し、カウンセリングを受けました。

私は、それで離婚を踏みとどまったわけではないのですが、この状況をどうにかしたいというエネルギーや希望は既になく、仕方なく結婚を継続しているという状況です。

夫はカウンセリングを受けても、言葉の暴力、私への監視、束縛は以前と変わりません。夫への愛が冷め、その後に好きな人はできたのですが、形式上とはいえ、こちらは結婚をしている身。ひそかに思いを寄せるしかありませんでした。

いっそもう、この世での苦行から解放され、神様やお釈迦《しゃか》様からの「よく頑張りましたね」という深い愛情に包まれたいです。死ぬことが待ち遠しい、とすら思うこともあるのです。そのため、趣味に没頭して、死ぬ日を指折り数えています。

こんな私は、もう二度と男性から愛されることはないのでしょうか。モラハラの夫と過ごす日々が、つらいです。

回答

嫌われるように仕向けてみては

これは深い問題ですね。逃げようにも、引っ越し先も調べられる可能性がある。本当は「お逃げなさい」と言いたい。一応、警察沙汰になったんでしょ。警察も把握はしているというのは救いですね。

あとは証拠。会話の内容や証拠を録音・撮影しておく方がいいですね。こういう夫は、お手伝いさんを逃がしたくないというような感覚じゃないでしょうか。優しさや愛情があれば、セックスがなくても相手は満足します。けれども、これは違う。夫が人格障害であることを自覚してカウンセリングを受けていることも証拠になるでしょう。

とにかく一人息子がいらっしゃるので、夫のモラハラが息子に向かうと、またつらいでしょう。

あとは「好きな人ができた」ということですが、本心で言えば、独り身になって、その人と一緒になりたいのでしょう。彼と比べると、夫のことは、ますます嫌になってしまうでしょう。「彼だったらこうはしない」「彼だったらこうするだろう」と、夫の挙動と全部比べて、どんどん嫌になっていく。

相談者自身も、「これが最後だ。これを逃したら次はない」という思いもありかと。48歳。相手がいくつかわかりませんが、「このまま朽ち果てていくのでは死んでも死にきれない」という思い。

暴力が始まったというのは、夫に「妻には好きな人がいるのか」と察知されている可能性もあります。なぜそんな亭主を選んでしまったんでしょう。元々がそんなひどい人間でなければ、暴力は振るいません。まともな男性は女性はおろか、男性にだって手をあげませんから。よく「俺は口より手が早い」と自慢する男がいますが、そういう人は、自分がバカだと言いふらしているようなものです。

姿をくらまして親子で逃げられたらいいんですけれど、子どもの学校から行き先がわかるということもあるし。事件みたいなことになっても大変ですし。相談者もそれを一番恐れているでしょ。

一番いいのは、相手から愛想を尽かされるように仕向けること。夫が嫌がるよう、目の前で平気でおならやおしっこをしたり。歯磨きもメイクもしない。髪形も寝起きのまま、なるべく地味な黒い服を着て、まずいご飯を作る。

つらいけれど、別れるためだったら仕方がない。性格も暗い人を演じて。夫が「なんだ、こんなゴミみたいな女」と思ってくれたら、しめたものです。

主人好みの妻になりたいけれど

［主婦　30代］

結婚して3年になる30歳の主婦です。主人はひと回り以上も年上で、とても亭主関白です。

自分の好きな音楽や映画、本などを、私にも教えてくれるため、黒澤明や小津安二郎の映画など、古き良き日本文化に触れることができ、とても感謝しています。

ですが、彼の好きな音楽や映画に対して、やんわりとでも、「これは、私はあまり好みではないな」と伝えると、「この良さがわからないなんて、つまらない女だ」とののしり、私に対して絶望するようです。感情を共有できないことに対しては、異常な反応をするのです。そんな時、私はとても悲しくなります。

彼はファッションにもこだわりがあるので、私に自分の好みの服を着せたがり、私の趣味の服は認めてくれません。音楽、映画、本、服など様々な文化に関して、「自分好み」に私を染めたいようです。

彼をとても尊敬していて、支えたいし、彼を喜ばせたいのですが、彼の色に染まることが、たまに不安になります。彼の「思い通り」に自分がなってしまったら、幸せなことだと思うのですが、私個人の意思がなくなってしまうのではないかと。

彼の言う通りにすることが愛情だとも思うのですが、私の意思も尊重して欲しいと考えてしまいます。心から尊敬する美輪さんにアドバイスを頂けるとうれしいです。

回答

彼より詳しくなるのが一番です

そもそも、ひと回り以上も年上の人と一緒になったのですから、趣味が違うことは最初から分かり切ったことだったのではないでしょうか。ご主人の青春時代にはスマホなんてなかったでしょうし、ガラケーだってあったかどうか。育った世界、社会が全部違うのです。映画や音楽は時代を反映するもの。相談者が聴いて育ったものとは全然違って当然です。

元々ご主人のどんな部分を好きになったのでしょうか。容姿を含めた肉体なのでしょうか。豪華なごちそうだって毎晩は食べられないのと同じで、外見やセックスは飽きますし、年齢とともに衰えます。肝心なのは、趣味や思想などが、どれだけ近いか、または理解できるかです。これが合えば年齢を重ねても長続きします。同志になりますから、一緒に暮らすのも楽しいのです。

ご主人の思い通りになるのが不安とおっしゃいますが、いっそ染まりきってしまうのも一つの手です。ご主人が色々と光源氏のように自分の好みを押しつけるのは、あなたに愛情がどれだけあるのか試している部分もあると思います。心から愛しているのであれば、何もかも全て許せるもの。自我なんて無くなってしまうものです。そこまでいくと楽になりますよ。

けれども、本当にもっといいのは、ご主人の趣味を徹底的に研究し尽くし、その分野のオーソリティー（権威）になってしまうことです。ご主人よりも詳しくなって先回りしてしまう。そうすると、ご主人は「うちのカミさん、偉いなあ」と舌を巻くでしょうね。

その後で、自分の趣味をさりげなく見せて「こんな感じのものだって、すてきでしょ?」と提案するのはどうでしょう。ご主人からすると、「こいつは俺より詳しくてセンスがいいから、きっと正しいんだ」と思うようになります。そうすれば、自分の主張するファッションや趣味が、ご主人に対して説得力を持つようになるのです。ご主人に、相談者の好みの服を着てもらうことだってできるようになるかもしれません。

とにかく、今まずやるべきことは、映画でも音楽でも本でも、ご主人が好きな趣味のものをじっくりと研究して、少しでも上を目指すことですね。そうすると、ご主人を超える前でも知識の蓄積ができますから、きっとご夫婦の間での話題にも事欠きません。「私は欲張りだから、守備範囲が広いのよ」と笑って言えるようになればいいですね。

文句尽くしの妻と別れるべきか

［会社員　30代］

私は営業職の勤め人で、妻と子どもがいます。今回の相談は、年中私のあら探しをする妻についてのことです。結婚して10年以上経ちますが、専業主婦の妻は私の行動に対して、ことあるごとに文句を言います。

食器を洗えば「汚れがきちんと落ちていない」。賞味期限間近の特売品を購入すると「おいしくない」。換気のために部屋の窓を開けても「ホコリが入る」と言います。

この程度であれば、まだ笑って済ませることもできなくはありません。

しかし、私に新しい友人ができると「私の知らない人だ！」とか、「私には友達がいない」などという言いがかりには、さすがに参ってしまいます。先日は散髪して帰ると「私は忙しくて、髪なんて切る暇がない」となじられました。

私の残業代が減ると「パートしなきゃ」と、ため息をつくくせに、実際にはそうしません。我が家の生活は決して豊かとは言えませんが、妻が自分から働きに出ることは絶対にないのです。

自分から家計の工夫をするような行動を起こすこともなく文句ばかりで、うんざりです。

妻は自分の両親やボランティア仲間の前では人当たりが良く、不機嫌なのは家の中だけ。こんな相手とは別れるべきなのか、子どものために受け流していくべきなのか迷っています。よろしくお願い致します。

回答

子どもが理解できるまで待ちましょう

これは、そもそもご主人の方に、奥様に対する愛情がないことが文面からわかります。ですから、長い目でみると一緒に居るのは無理でしょう。ご主人にとっては、氷と一緒に暮らしているのと同じ感覚なのではないでしょうか。

ただ、お子様がいらっしゃるので、簡単に別れるのは身勝手です。結婚して10年以上ということは、20代で結婚したのですね。相手は専業主婦。別れても子どもをどちらが育てるのか。妻が悪いとしても、そんな妻を選んだご自分も悪いと思って下さい。そういう意味で、離婚するにしても責任は両方にありますが、子どもに責任はありません。

両親がけんかばかりしている家庭で育つよりは、片親であっても穏やかな生活の方が子どもにとっていいでしょう。それには経済的なバックボーンも不可欠です。奥様は専業主婦ですから、相談者がご自分で子どもを引き取るとしても、働いている間に誰が面倒をみるのか。子どもにとって何がいいのか、何ができるかを第一に考えて下さい。

洗い物をしても買い物をしても、友達を作って、散髪してさえ文句を言われる。おつらいでしょうね。奥様も旦那さんが髪を切ったら「あら、男前になったわね」って言えばいいし、友達ができたら「あら、私もお友達になりたいわ。仲良くしてね。良かったわね」って言えばいいのですけれどね。実際にそうしなくても、言うだけでも。

奥様はボランティアをなさっているということですから、外づらがいいのか、仮面をかぶっているのか……。結局、奥様も相談者であるご主人に対して愛が無くなっているのでしょうね。

賞味期限間近の特売品がおいしくないですって？　それって、そもそも値段や賞味期限は関係ないと思います。まずいものは高くてもまずいし、安いレトルト食品だって、おいしいものはとってもおいしいじゃありませんか。私もコンビニエンスストアの大ファンで、よく買い物に行っています。

相談者が、どうしても離婚したいと思うのなら、お子さんが物事が分かる年齢になるまでは我慢した方がいいですね。小学校高学年ぐらいになると、子どももいろんなことが理解できるようになります。それまでは、そういう女性を選んだ自分を悔いて、かわいい子どものために我慢しましょう。

その後は、別れても、子どものためにできることを常に考えるというのがいいのではないでしょうか。

夫を経済的に支えるべき？

［女性　50代］

50代の女性です。11歳年上である現在の夫と10年ほど前に、事実婚をしました。離婚した前の夫と違って、今の夫は私や私の家族（親や子どもたち）を大切にしてくれています。

夫は一流企業をすでに定年退職しており、蓄えがほとんどありません。年金とバイト代が夫の収入源です。

私は在宅ワークの自営業でした。金銭的に将来が不安だったためにずっと貯蓄していましたし、親からもらった財産もあります。

夫とはこれからもできるだけ長く一緒に過ごしたいと思っていますが、一つ問題となるのが金銭のことです。

私の考える「経済的に余裕のある暮らし」をこれからもしていくためには、私が夫に経済的援助をしていかなければならないことになります（今までも、成人した夫の子どもたちに経済的援助をしたことがあります）。

私は母子家庭で、娘二人を大学まで卒業させました。夫は、働いていた現役の間に、子どもたちや亡くなった奥様のためにお金をつぎ込んできたのだと思います。そう考えると、これから夫に経済的援助をしていくことには抵抗があります。

こんなふうに考えてしまう私は、心が狭く、ケチな人間なのでしょうか。

今後、夫と二人で生きていく上で、金銭関係をどのようにしたらよいでしょうか？

回答

考え方を変え、まず感謝の気持ちを

年金、収入源、貯蓄、財産、「経済的に余裕のある暮らし」……。相談内容を見ると、お金の話に終始しているところが気がかりです。

本質的に、あなたはご主人に感謝しなければいけないと思います。自分の親や娘たちのことも大切にして下さっているとのこと。それだけでも、よくできた方ですよ。思い返してみて下さい。どんなところにひかれて結婚したのでしょうか。

相手が一流企業で働いていたから好きになったのでしょうか。退職して、蓄えがなくなったら好きではなくなったのでしょうか。相手にも子どもがいるのですから、自分の子にお金をかけるのは当然のことです。ご自身だって、娘さんを大学に行かせたとのことですし。夫が愛人にお金をつぎ込んでいたのであれば、話は別ですが。

根本的な考え方を変えてみませんか。まず、相手はあなたと一緒に居てくれています。そのうえ、あなたの家族も大事にしてくれています。結婚をして共に人生を歩むのであれば、その時に稼ぎがある方が一家を支えることは、ごく自然なことです。それで家族が生活できるのであれば、不平を言う筋合いは何もありません。

それから、サラリーマンが一定の年齢に達したら定年退職することは、結婚する前の時点からおわかりになっていたのでしょう。以前に結婚していたことも、子どもがいることとも。全財産を夫と家族とで分け合って生きてゆく。結婚とは、そう覚悟してするものではないでしょうか。

夫に対して「経済的援助」という言葉はふさわしくないと思います。ご自身の家庭ですから。自分の子どもだけが家族なんでしょうか。違いますよね。こういった見方を直さない限り、一生不満を言い続けるしかないのではないでしょうか。

まず、ご主人の行動を思い返して感謝して下さい。感謝がないと永久に不幸です。あなたを救うのは、あなた自身です。

相手が前の妻や子にお金を使ってきたことに対してわだかまりがあるのなら、ご自分が娘さんのために出した学費などについても、相手からそんなふうに見られても構わないことになります。

ご主人からは、とても金銭に換えられないものを頂いています。考えてみて下さい。結婚しなかった方が良かったですか。預金通帳を眺めて、抱いて寝ますか。もしご主人がいなかったら、どんな人生だったと思いますか？

夫が家族以外にしか尽くさない

［女性　50代］

50代後半で、結婚32年目の女性です。夫は私より半年あとに生まれました。同じ年齢の夫婦です。

若い頃、夫に優しくされたことで結婚し、息子が一人できました。3年前まで共働きをしていました。

結婚してすぐ、実家の母にこう言われたことがあります。

「○○さん（夫）は外でたくさん気を遣い、精いっぱい尽くし、家族には何もしない（できない）人だよ」

母は占いで見てもらったようでした。そのとき、私は「自分が変えていくから大丈夫」と答えました。ただ30年余り経った今、母の言われた通りで、夫を変えることはできていません。

夫の実家でねんざした親戚を、夫は手厚く手当てしたことがあります。また、自分の体調が十分でなくても、親戚が朝早く帰る時、起きて見送ったこともありました。

しかし夫は、夫の体調を心配し、運転してきて泊まっていった自分の息子が朝早く帰る時には、起きてきませんでした。

今から何年か前には、年上の女性と不倫関係になったこともあります。

悪気はなくても夫は、結果的にいつも家族以外に尽くしています。

そんな夫と、これから先も一緒に暮らしていく自信がない私に、どうぞアドバイスをよろしくお願いいたします。

回答

外づらがいいなら家族も得

外づらがいいことがまるでいけないことのように言われることもありますが、それは「いざという時、自分の家も助けてもらえる」という生活の知恵なのです。自分や家族に何か困ったことが起きた際、周囲の人に助けてもらえるよう、普段から他人によくしていると思った方がいいのではないでしょうか。いざというときの「杖《つえ》」を何本も作れるのです。

それに、こういう男性は、万が一、奥さんが大病になったり事故に遭ったりすると、必ず真面目に対応してくれると思います。だから悩むことはありません。

相談者はお母様に言われたことが頭の中にこびりついて、先入観を持つようになったのではないでしょうか。そして、ことあるごとに、それに当てはめようとしている部分もあると思います。

占いは当たることもあれば、当たらないこともあります。ねんざをした親戚を手当てせず、放っておいた方が冷たいでしょう。自分の息子が早朝に帰る時にだって、体調の悪い本人が無理をして見送ることはないと思います。

まずは、そういった余計な先入観、占いの呪縛からご自身を解き放って頂きたいです。お母様から何も聞かなかった場合を想像して、そこから出発してみてはいかがでしょう。

「内づら」がよくて外づらが悪い夫は、むしろ世渡りが下手で近所づきあいもうまくできず、家族にとってはそっちの方が大変です。

もう一つ、そういった見方をしてしまう大きな原因は、やはり夫の「何年か前の年上の女性との不倫」ですよね。その時の恨み、想念が根強く居座っているのではないでしょうか。

相談者は昔、お母様に「夫は自分が変える」とおっしゃったのですよね。夫婦として、きちんと向き合ってみるべきだと思います。

ただ「外づらだけがいい」という悩みに関しては、家族としては夫からいい顔をしてもらえないので、不満もあるでしょうけれど、もし大変なことが起きた時には、ほかの人から「ご主人には普段からお世話になりましたから」と、奥さんや息子さんが助けてもらえるきっかけになります。

結婚から30年以上経った今でも、夫から至れり尽くせりのサービスを受けたり、お姫様抱っこをしてもらったり、独り占めしたいという思いがあるのなら、ほほ笑ましくはありますが、もう少し視野を広げてみてもいいのではないでしょうか。

浮気の夫が離婚を切り出した

［女性　30代］

30代の女性です。5歳上の男性とお見合いをし、昨年秋に結婚しました。しかし婚約中から夫は、昔の交際相手とつきあい続けていました。

浮気の判明直後から、夫の希望で関係を修復してきたのですが、その期間中に夫が風俗に通っていたこともあって私が感情的になり、夫を責めました。

現在は夫から離婚を切り出され、別居3カ月目です。夫は弁護士を立てて協議離婚を提案してきました。現状では、彼の意思は固そうです。

夫婦として困難を乗り越えたい私は、彼を責めた自分の非を認め、やり直したいと考えていますが、別居が続くと、気持ちも離れてしまうのではないかと不安です。

子どもはおらず、「離婚するなら早いうちに」「今は離婚も多いから」などという人や、一方で「妻の座を持っていた方がよい」という人もいます。

夫のことは好きでもあり嫌いでもあります。でも夫は、けんかのない夫婦を求めています。共働きでありながら明るく笑顔の絶えない家庭は、私たちの目標でした。でも裏切られたことを腹立たしく思います。不満をぶつけてしまった私も悪いのですが、けんかが絶対にない家庭など、ありえるのでしょうか?

このような状況で離婚に踏み出せていない私は、どうしたらよいのでしょうか。とにかく、前向きに生きてゆきたいです。よろしくお願い致します。

回答

縁を切って再出発しよう

今回の相談相手の夫である男性は、セックスが好きで仕方がないタイプなのではないでしょうか。そういう男性はあちこち、いろんなところに手を出してしまいます。現状では彼の意思は固い、というのは、その通りでしょうね。「別居が続くと、気持ちも離れてしまうのではないかと不安」とありますが、もうすでに離れてしまっていると思います。

いつまでも「妻の座」に執着する必要なんて全くないと思いますし、浮気をしたのは確かに夫の方ですが、そもそも結婚するに際して、お見合いで彼と出会った際、自分にも結婚への焦りはなかったのでしょうか？　向こうが乗ってくれたから「しめた」と思って結婚したという経緯も、少なからずあったのではないですか？　当時を振り返って「結婚願望は満たされた。もう二度と離すものか」と思っているのであれば、人生とはそんなものではありませんよ、とお伝えしたいですね。

けんかが絶対にない家庭なんてあるのか、といいますが、いろんな形の夫婦が存在するのですから、そういった家庭だってあるでしょう。「前向きに生きてゆきたい」と書いていますが、この文面を読む限り、相談者は後ろを振り向いてばかりのようにしか見えません。「前向きに歩く」とはどういうことか、現実を見て下さい。離婚をして、今の夫とは別の道を歩み、未来を見据えて生きることではないでしょうか。

夫は、相談者の妻に対して、もはや愛情はないと思った方がいいでしょう。でも、なかなか別れられない。はたから見て「どういうわけか別れられないカップル」は、私の経験上、その原因がセックスにあるというケースが非常に多いのですが、ひょっとすると、この夫婦もそうなのかもしれません。

ただ、夫の方は他に相手もいますよね。それも、どうやら一人ではなさそうです。もしセックスが忘れられないという理由で踏ん切りがつかないのであれば特に、相談者の側から早めに縁を切って、しっかりと前を向いた方がいいと思います。

そもそも、同居の期間も1年に満たないですし、相手には「夫婦」という認識すらないと思います。結論からいえば、今回の相談に対する回答は簡単です。さっさとケリをつけて再出発しましょう。

第3章

きょうだい、親戚、友人、厄介な人づき合いの整理法

夫の実家が散らかっていて憂鬱

［女性　40歳］

結婚して10年。私は毎年夏に夫、小学生と幼稚園の子どもの一家4人で、関西から、九州にある夫の実家に帰省します。2泊ほどするのですが、家が散らかっており憂鬱《ゆううつ》になります。結婚当初はそれなりに片付いていましたが、年々ひどくなります。

家は2階に2部屋と1階にダイニングキッチン、仏間と居間の4LDK。もう家に入る前から義父が拾ってきた色んな物がつるされていたり置いてあったりで、腰をかがめないと通れません。家の中も同様で、2階には一度も上がったことがありません。私たちが過ごす部屋は、仕切られるはずのふすまも閉まらない状態です。

義母は、がんの手術をしてから体が弱っているため、あまり動かず、口で注意することしかできないようです。夫に「泊まりたくない」と言いたいのですが、「散らかってて、ごめんね」と言われたことがあり、傷つけてしまうのではないかと思ってハッキリと言えません。

そこで夫に「私たちが泊まると、お義母さんも大変だから、ホテルに泊まらない？」と提案しましたが、「宿泊費がもったいないし、実家に泊まらないなら帰省する意味がない」と言われました。

一度は、夫と義姉と私で片付けようと試みたのですが、義父が「全部要るものだから触るな」といって話になりませんでした。どうすればいいでしょうか？

回答

少しずつでも片付けてあげましょう

ちょっと冷たいのではないでしょうか。あなたが、そっと少しでも片付けてもいいのではないですか。

義理のご両親に、もっと思いやりを持ってはいかがでしょう。足腰が弱い老齢のうえ、義理のお母様はがんだったのでしょう？　病気も経験されているとか。ここはあなたが一念発起して片付けができれば、きっとご主人からも「なんていい女房だろう」と思われるでしょう。

義理のお父様が「そこは触るな」と言っていても、「ハイハイ」と適当にあしらって、そこ以外は上手に片付けてしまえばいい。そうすれば、あなただって「私は、なんて大人なんだろう」といい気持ちになれます。

この相談者は、ご主人にも、きちんと自分の気持ちを伝えていません。まずは自分の考えを伝えたうえで、「私ができることはしますから」と言って、やってあげると、子どもにも尊敬され、しゅうとめにも感謝されるでしょう。いいことだらけなのに、やらない手はありません。

ただ文句を言っているままでは、あなたは単なる「冷たい人」です。そういうところが問題なのです。それほど散らかっているご実家を片付けるのは、それは大変ですよ。まるでゴミ屋敷みたいになっているのでしょうから。でも、短期間の帰省だから全部は無理だとしても、帰るたびに少しずつでも片付けてあげればいいのではないですか。「また来年は、こっちの部屋を片付けましょう」と夫に言って、次にすればいい。

そもそも、何のために帰省しているか、ということを考えて頂きたいと思います。親族と楽しくコミュニケーションを交わすためでしょう？　本来であれば、日頃から近くにいて面倒をみることが、かつての家族では当たり前のことでした。今はこういう時代ですから、まずは毎日面倒をみなくていいだけでも有り難いと思わなければいけません。

年にたった1回の帰省で、お客様のように歓迎されることを期待しているわけでもないでしょう。夫のご両親に会いに来ているのに、家族旅行で旅館にでも行くつもりで泊まるなら、それは間違いです。自分の両親に言われた通りに尽くして大事にしてくれるあなたに対して、ご主人は感謝し愛情も深まるのです。「なんていい女だろう」と。

友人支えるのはもう限界

［女性　30代］

30代の女性です。幼少期から病気がちだった友人がおり、その子の親や学校の先生から「あの子をよろしくね」と言われてきました。10代や20代の頃は「病気だから支えなきゃ」と思い、高校や大学は別でしたが会っていました。ただ、友人は心も病みがちで、他人の悪口や愚痴が多くなり、私は話を聞くのが疲れるようになりました。

お互い社会人になりましたが、友人は夢を追うため退職し、現在は体調不良になって無職のようです。大学時代はほかにも友人がいたはずですが、今は連絡を取っていないようです。

彼女は何かあると、体調や家族のせいにしがちで、愚痴をこぼし続けた末に、「あなたは健康だからいいよね」とさりげなく責めます。

「あなたに悩みを話せば、すっきりして元気になれるから聴いてほしい」と連絡があった時、私は「あなたの話を聞くのがつらい。本当にごめん、疲れてしまう」と伝え、以降は連絡が途絶えました。

しかし最近になり、また「私はあなたより体もつらいし、あなたにしか話せないんだよ。聴いてほしい」と連絡があったのです。

正直なところ、私にはもう限界で、これ以上支えるのは無理です。会いたくないのですが、私と同じような行動を取った人の友人で、自殺をしたケースもあったとインターネットで知りました。私は間違っているのでしょうか？

回答

もう連絡する必要はありません

この方のケースは、連絡が途切れたままの方が正解だったのだと思います。一度は断ち切ったはずの友人が、また相談者に頼って「私の話を聴いてほしい」と言ってきたということですが、これについては、「私は実は今、健康状態がよくないので誰とも会いたくないのです」と、方便でもいいので、断った方がいいですね。会えば親切にしているのに、最終的には「あなたは健康だからいいわね」だなんて、ねたみまでぶつけてくるわけでしょう?

この友人の方は、友達がいないのは、ご自身に理由があるということを、まだわかっていないのでしょう。しかし、だからといって目の前で「あなたは自分の性格が悪いから、誰一人として友達がいないのよ」なんてことを言ってしまうと、何をされるかわかりませんからね。刃傷沙汰《にんじょうざた》の事件になったら、取り返しがつきません。

ただ一点、私から言えるのは友人に対して「私は今、人の相談に乗る余裕はないから」ということくらいは、きちんと伝えた方がいいでしょう。現在は、以前のように再び連絡を絶つことが大切なことです。

インターネットで似たような悩みを探して、自殺をした人もいるようだとのことですが、他人の悪口を言うことが趣味のような強い人が、そう簡単に自殺をするようなことは考えられません。自殺する人というのは、他人ではなく自分を責めることを重ねるタイプの人です。ですが、相談者の友人は逆ではありませんか。

もう、この方からの電話にも出なければいいのではないでしょうか。相談者の方は人がいいから、「自殺したらどうしよう……」と悩むのでしょうが、私の経験上では、その心配は、する必要はないと思います。

友人の方は、相談者には何を言ってもいいと勘違いしているのではないでしょうか。ただ悪口を言いたくて言いたくてしょうがない人が世の中にいっぱいいることは事実です。そういう人々がインターネットの匿名掲示板などを利用するのです。ネットで散々悪口を書き込むマニアの人って、延々とやっているでしょう?

相談者の方が友人と連絡を取る必要はありませんが、もし話をする機会があったら、「あなたの思いは、私じゃなくて、お坊さんか神父さんにぶつければいいんじゃないかしら?」と言うのも一つの手です。相談者は、友人に影響されず、日々の暮らしを送って下さい。

姉に絶縁されました

［女性　60代］

4年前、うつ病だった11歳上の兄を自死で亡くしました。兄嫁が近所の友人と昼食に出かけた数時間の間の出来事でした。

生前、15歳上の姉が兄嫁に、兄から目を離さないよう、しょっちゅう電話をしていました。

一周忌の時、姉はお寺の門前で兄嫁を、すごい形相でなじりました。私も姉の気持ちはわかりましたが、強い憎しみをぶつける姿を見苦しく思いました。帰ってからすぐ、私は姉に「兄嫁も兄のいない寂しさに耐えていくのだから、責めても仕方がない、私たち姉妹は実家の品格を汚さないように生きよう」と手紙を書きました。姉は年下の妹から説教されたのが悔しかったのか、「あなたとは絶交する、もう一生会わない」と返事を書いてきました。

その後姉は、三回忌にも顔を出さず、一人でお墓参りに行っているようです。週に何回かあった電話も全くなくなり、旅行土産などを送りがてら近況を尋ねても、なしのつぶてです。

かばったつもりの兄嫁からも、お礼どころか、きょうだい仲が悪くなったのは私が悪いとばかりに言われます。

姉は80歳超。このまま会わなくてもいいと思う一方、互いが生きているのに……とも思います。お寺の門前で何も聞こえないふりをすればよかった、いや、仕方がなかったのだ、という気持ちが行ったり来たりします。どうしたものでしょうか。

回答

そのままにしていいのでは

結婚していることや、子どもがいることが幸せだとは限りません。同様に、親族が多いと、いいこともありますが、トラブルが増えることもあります。預金や不動産などの遺産相続問題や、親の介護をどうするかなど……。

はっきり申し上げて、一番手っ取り早い方法は、血縁関係といえども、思い切ってつきあいを減らすことです。ですから、相談者の場合は、このままにしておいてもいいのではないでしょうか。

「血を分けたきょうだいだから」「家族だから」「親戚だから」「親友だから」などといって、水くさくないつきあい方、べたべたした関係を続けてしまうと、こういうことになってしまうケースもあります。この欄でも何度か申し上げてきましたが、「君子の交わりは淡きこと水のごとし」といい、人間関係は〝腹六分〟でつきあうべきなのです。

ただし、礼儀や気遣いなどが秩序を保つことになるので、それはしっかりとすべきです。そうすれば、トラブルになることは、そう多くはありません。

長年親しかったお姉様と疎遠になって、寂しい気持ちも理解できないわけではありません。しかし、そもそもお姉様は、人と人とのつきあいにおける掟《おきて》を破ってしまったのです。それが元で、こんな結果になってしまった。そして、こうなったことで、相談者の方は結果的に「重い荷」を下ろすことができたわけです。ですから、もう距離を置いたままにしておいた方がいいのではないか、と私は思いますね。

今の関係を改めて、またお姉様とつきあわないといけない状況に戻ってしまった場合、将来何かの拍子で「あの時、あなたはこうだったじゃないの！」と、再び蒸し返され、同じことが繰り返されることだってあり得るわけです。「身内だから」とか「何でも話せる存在だったから」だなんて、思わずにいた方がいいですね。

考え方を変えましょう。あなたは、今まで背負っていた、お姉様という大きな負担をなくすことができたのです。せっかく荷物を下ろして解き放たれたのですから、とってもめでたいことじゃないですか。悩む必要はありません。

とはいえ、もしお姉様の方から丁寧な連絡があった場合、むげに断って恨みを買う必要もありません。トラブルが起きないように、以後はさりげなくおつきあいした方がいいでしょうね。

ママ友グループに入れません

［女性　40代］

大好きな美輪さんに相談させていただきます。私は中学生の時、学校でいじめに遭いました。靴に水を入れられるなど、とてもつらいことを色々とされたのです。

成人した後に子どもを二人産んでも、私をいじめた人たちへの恨みは消えず、常々「もしどこかで会ったら文句を言いたい」と思ってきました。

ところが、純真な性格の二人目の子が小学生になった時、「このままではもしこの子が同じようにいじめられた時、私は子どもを単に叱咤《しった》するか、またしても相手の親子を恨むかしかないのかも……」と気付きました。

私はいじめを受けた時、親にも言い出せず、家でひたすら三浦綾子さんや宮本輝さん、遠藤周作さんの文学に没頭して乗り越えました。色々な本が支えになったことを思い出すと「私だったら、その経験を我が子に教えられる」と気付くと同時に、恨みが驚くほど消えました。

そんなこともあって「自分も成長したのかな」と思う一方、やはりいじめられた経験からか今でも友達はかなり少なく、「ママ友グループ」には萎縮して入れません。子どものことや私自身について、何か文句を言われているのではないかと不安になってしまいます。

子どもたちを育てるためにも、どんな気持ちでいればいいのかアドバイスを頂けたらとてもうれしいです。

回答

「つかず離れず」が一番です

ママ友というのは、とにかく「つかず離れず」のおつきあいが一番です。自宅でのお茶会や食事会に呼んだり呼ばれたりすると面倒なことになるケースもあります。なるべく口実を作って参加しないというのも一つの手ではないでしょうか。ただ、一切おつきあいをしないというのも、また具合が悪いことも出てくるでしょうから、ほどほどに。

グループの人数が増えると悪口やいじめが出てくるのは、何もママ友に限りません。男たちだって、会社の飲み会なんかで上司や部下の悪口を言っているのは、よくあることです。

君子というものは、いかに少ないか。学生時代の教室を思い出して下さい。勉強の出来不出来にかかわらず、人間として信用に値する人格的に立派な子が何人いましたか？　さらにそのうえ、成績優秀な人が何人いましたか？

子どもの頃の学校の教室は世間の縮図です。ですから、教室を思い出して人間関係を見渡してみると、大人の世界でも見えてくるものがあるはずです。つまり、ママ友のグループも、全員が仲良しの同好会だなんて期待しない方がいいのです。相談者の今の考え方は正しいのではないですか。

いじめられた人への恨みが消え去ったというのは、とても立派なことだと思います。以前は理知を働かせず、感情という、いわば「情念」だけで心がこんがらがり、自分で自分の首を真綿で絞めていたようなものだったのではないでしょうか。今ではそれを外し、理性をもって同じ問題を冷静に観察して見ることができているということだと思います。

ひどいことをされても感情的にならず、相手の能力、経験、生活環境、器量の良しあしを冷静に分析すれば、「ああ、だからああいう性格になって、人をいじめたり、とにかく人の意見を何でも否定したりするようになったのだろう」と理解できます。そうすると、その人のことを「哀れな人だ」と思える。

そういうひどいことをする人は、劣等感にかられて人をこき下ろすことで、自分の立場を相対的に上げられるという錯覚に陥っているのです。

恨みを克服した相談者は立派です。いわば「悟りを開いた」ということですから。今度は子どもたちにも何かの機会に「実はお母さんは昔、こんな目に遭っていた。相手はこういう人間だったの」と教えてあげるといいですね。それこそが教育ではないでしょうか。

「恩師」の妹に使われて困る

［女性　50代］

50代女性です。恩師であるピアノの先生の妹でバイオリニストの方に、マネジャーのようなことをさせられ困っています。

最初はコンサートを開くというので、タウン誌やご近所に宣伝したのですが、私にお礼はなく、逆にチケットを買わされました。まあ仕方がないと思いましたが、すぐに次のコンサートのチラシを近所に配るようにと、送られてきました。

私は知人たちに「チケットを買って下さい」と頭を下げ、その多くから「興味がないので行けなくて、ごめんね」と断られました。彼女のせいで、みんな頭を下げあっているということを、本人は全く理解していません。演奏後の拍手をもらった時以外は、人に頭を下げるのが嫌いなのだと思います。

このコンサートに地元の新聞社が取材に来たのですが、記事の見出しは「ご近所への恩返し」でした。人々が足を運んでくれたことに感謝するどころか、まるで「自分の素晴らしい芸術を聴かせてやった」といわんばかり。宣伝した立場上、私は恥ずかしかったです。

次のコンサートは、かなりの人から「用事がある」と断られました。興味のないコンサートや演劇のチケットを「人間関係を壊さないため」という理由だけで買わされている人は、たくさんいると思いますが、恩師にも相談できません。どうしたらいいでしょうか？

回答

きっちりと縁を切りましょう

このケースは、はっきり申し上げて、そんなお世話をする必要は一切ありません。そもそも相談者はピアノの先生のことを「恩師」とおっしゃいますが、習うにあたって月謝も支払っていたのではないですか？　果たして、どれだけの恩を頂いているのでしょうか。

そもそも相談者は、先生のお客さんなのです。もし無料で習ったのであれば恩師でしょう。住み込みで、食事も世話になったうえでピアノを習った相談者が、その技術を生かして生活できるようになっているのであれば、間違いなく恩師です。そうでなければ、恩師なのかどうか……。

しかも今回の件は、先生本人ではなく、その妹さんのコンサートですよね？なぜ面倒をみる必要があるのでしょうか。全くありません。

クラシックに限らず、芸術家と称する人の中には、「自分より優れた芸術家はほかにいない」と思い上がったり、勘違いしたりしている人も、結構いらっしゃいます。そういう人は、そもそも感謝するということがありません。だから、手伝ってもらっても、お礼なんか言いません。むしろチケットを売ってもらって当然だと思っていて、「あの人には私の世話をさせてやっている」といった感覚なのではないでしょうか。

相談者の方は、既に今までにやることは十分やってあげたと思います。これから大切なのは、その人と、きっちりと縁を切ることです。繰り返しますが、そんな人とは今後一切関わり合いを持たなくていいと思います。

それから、こんなことを自分の妹がしておいて、もし何も思わないのであれば、このピアノの先生本人もおかしいです。先生のコンサートならまだしも、妹ですよ。それが自分のお客さんである相談者をこき使っていることに対して平気だとしたら……。

いずれにしても、義理はとっくに返しているわけです。今後また「チケットを売ってほしい」と言われたら「私は前回お世話したので、どなたかほかの方に頼まれてみてはどうですか?」と返せばいいでしょう。「私が知っている限りの方々にお声がけして、一度は多くの方が義理で足を運んで下さいました。でも、二度目は難しいです。断られました」と。

相談者の方にとっては、以前チケットを買ってくれた知人の方々との関係の方が、大切ですよね。先生の妹との関係が壊れた方が、はるかにいいと思います。

「いい人」である自分に疲れた

［女性　20代］

はじめまして。29歳の女性です。30歳の節目を迎えるにあたり、抱えている悩みを解決したいと思っています。

というのも最近、「いい人」と言われることがすごくつらいのです。私の実家は代々ある宗教を信仰しており、物心がつく前から私も入信していました。「世の中のために善いことをすることが大切」と、子ども心に植えつけられていたのです。

大人になって働くようになっても、人の役に立つ人になろうという気持ちで行動し、誰にでも優しく、文句や愚痴も言わない「いい人」として生きてきました。実際、家族は私を「いい子に育った」と思っていて、友人や会社の方にも「真面目ないい人」と言っていただくことが多かったと思います。

しかし、精神的な病を患ってしまい、その原因が「真面目な人格者」であろうとする自分が自分を追いつめていることを知りました。確かに誰にでも気を遣い、本当は面倒くさがりであることなど「素の自分」を出せず、疲弊していました。

最近では昔のように「いい人」として生きていくことに疑問を持ちはじめています。しかし自己評価が低いため、「いい人」ではない自分を誰かに受け入れてもらえる自信がなく、毎日モヤモヤしています。「いい人」じゃなくても、ラクな気持ちで生きていくにはどうしたらいいでしょうか。

回答

肉体と精神のバランス整えて

この相談者は「いい人」が偽善者だと思い込んでいる節がありますね。邪念が浮かんだりするのを「だめだ」と打ち消して、正しい方向に戻ろうという葛藤があって悩んでおられるのでしょう。

結論からいうと、悩む必要は全くありません。そもそも本当に悪い人なら、このような悩みは抱えないからです。今のままでいいと思います。私も、この人はいわゆる「いい人」だと思います。それを受け入れてみることから始めませんか。

この世に完全無欠な人はいません。お釈迦様やキリスト、日蓮《にちれん》や法然《ほうねん》、親鸞《しんらん》たちでさえ、みんな最後まで悩み続けていました。お経や聖書には、そういった悩みに向き合うための助言が書かれているのです。一般の凡人である我々が、「完全ないい人」になれるわけがありませんし、なったと思ったら、それはうぬぼれです。当たり前の人間として、当たり前に生きてゆきましょう。

親の宗教の影響についても、たとえ親がどんな宗教を信仰していても、何も信仰していなくても、ぐれる人はぐれるし、反社会的な行動をする人だっています。ご自身の人生と向き合って下さい。

まだ20代、お若いですよね。何度も失敗しながら立派になる方だと思います。

他人の評価は、あなたのほんの一部を見たものに過ぎません。私自身、若い人たちからもてはやされたりすることや、「立派だ」とか「優しい」などと言われることもありますが、ずいぶん誤解されていますから。本当は面倒くさがりだし、怠け者なのです。舞台や音楽など、好きなことに妥協しない理由は、私がエゴイストだからです。

相談者は自己評価が低いというけれど、まっすぐに受け止めればいいのです。自己評価が低ければ、向上する好機になります。むしろ自己評価が高く勘違いしている人より、ずっと健全です。

この人に対して少し気になるところは、自分に対して素直じゃないという点でしょうか。「考えすぎは、よしましょう」と言ってあげたいですね。

それから、精神や神経を過剰に働かせている感じがします。ジョギングでも美容体操、家の掃除など、何でもいいので肉体の労働量を増やしてみてはいかがでしょう。まずは実験的にでも結構ですから、肉体と精神のバランスを整えることを心がけてみて下さい。答えは、そんな日常の積み重ねの中にあるかもしれません。

妹からの突然の「絶交宣言」

［女性　70代］

妹との関係について、ぜひ美輪明宏さんにご相談させていただきたいです。私と妹は、ともに70代で、3歳ちがいです。元々は四人きょうだいでしたが、3番目の弟と末の妹はすでに亡くなり、私と妹が残りました。

私は20年前に、そして妹は4年ほど前、それぞれの夫を見送りましたが、ずっと家族ぐるみで割と仲良くつきあってきたつもりです。夫たちが元気だった頃は四人で雀卓《じゃんたく》を囲んだり、夫同士が一緒に釣りに出かけたりもしていました。

それぞれが夫に先立たれてからも、お互いに誕生日プレゼントやお歳暮を贈りあうなど、気持ちのいいつきあい方を続けてきたつもりでした。

ところが、最近になって突然、妹からメールが届き、一方的な「絶交宣言」をされてしまったのです。いわく、「今まで我慢してきたけれど、しばらくメール、はがき、手紙は休みます。お元気で……」とのことでした。本当に、青天のへきれきでした。

妹がかたくなである限り、もう以前のような元の関係に戻ることは望めないのではないかと思っています。ただ、あまりにも突然の、本当に想像もしていなかった事態に、自分の気持ちをどう落ち着ければいいのかが全くわからないのです。このような状況との向き合い方を、ぜひお教えいただきたいです。

回答

まずは妹さんに謝ることから

これは、困ったものですね……。おそらく相談者の方は何も気づいていないのでしょうが、きっと妹さんは長年、あなたの態度や物の言い方などに、我慢してきたのではないでしょうか。

それでも「お元気で」だなんて、妹さんは本当にできた人だと思います。「元の関係に戻ることは望めないのではないか」「このような状況との向き合い方を」とのことですから、関係の修復を諦めているのでしょうか。

いずれにしても、まずは妹さんに謝ることから始めるべきです。手紙でもメールでもいいですが、「あなたにそんな思いをさせてきたのですね。私が愚かで鈍感で、全く気づきませんでした。申し訳ありませんでした」と。そして、そのうえで一体何がいけなかったのか尋ねるしか、本当のことを知るすべはありません。

もし関係を改善したいのであれば、そうして原因を究明した後、自分を省みて態度を改め、妹さんに受け入れられるために努力することでしょうね。

ともに70代で、ほかのきょうだいは他界したとのことですが、このまま本当に関係が途絶えたなら、「二度と同じような失敗をしない」と誓って、日々と向き合っていくしかありません。

人間は一人では生きていけませんが、今の世の中にはいろんな種類の集いやサークルがたくさんあります。

「遠い親戚より近くの他人」ともいわれ、身内よりもやさしい他人というのは、本当に存在します。もちろん、逆のケースもあると思いますけれど。

そして、本当に頼れる友人、心の許せる人ができたとしたら、次はちゃんと気遣いや配慮を忘れないように振る舞うべきです。

頂いた文面だけでは経緯の詳細はわかりません。でも、相談者の方は妹さんにいろんな面で甘えたり、頼り切ったりして、それを当たり前のことだと思っていたような感じもします。

親子やきょうだいの関係で、そういったことは珍しくありませんし、どうしても鈍感になりがちですが、頼られる方、甘えられる方には負担が大きいものなのです。

関係修復を目指すにしても、諦めるにしても、まず最初にすべきことは、妹さんに対して真摯《しんし》に、誠実に謝罪することだと思います。「姉と妹」である前に、「人と人」として。

第4章

子どもを愛する親、親を憎む子ども

子育てを終え無気力、無関心に

［専業主婦　60歳］

60歳の専業主婦です。私たち夫婦には子どもが四人おりますが、それぞれ巣立って遠方に住んでおり、年に一、二度しか帰ってきません。そのため、孫もおりますが、なかなか会う機会がありません。

主人は64歳で、嘱託社員のサラリーマンですが、土日の休みは、毎週のように趣味のラグビーに出かけて行きます。

私は結婚してから今まで、ずっと子ども中心の生活を続けてきました。そのため、四人全員が自立した後、一気に人生に対して無気力、無関心、無感動の状態になってしまったのです。

一番困っているのは、料理さえ作りたくなくなってしまったことです。もちろん主人には怒られますが、この気持ちはどうしようもありません。「頑張って食事ぐらいは作らなきゃ」と思いはするのですが、できなくなってしまったのです。

興味を持てるかもしれないと思って夫のラグビーを見学しに行ったこともありますし、このままではダメだから、何か趣味を見つけようと色々と見学に出かけていったこともあります。しかし、今の私には何を見ても楽しくありません。孫の顔を見に行くことでさえ、交通費などでお金がかかるうえ、子どもが住む都会は苦手で、それだけでも疲れてしまうのです。

いったいどうしたら、今のような生活から脱することができるでしょうか。

回答

やれることはたくさんあります

これはひょっとしたら最近はやりの病気の可能性もあるので、一度医師の方に診てもらうことも考えた方がいいですね。希望が何もないとか生きがいがないとか、そういう人は増えていると聞きます。

こういう人は、人恋しいくせに、人がいると疲れちゃう。人づきあいや日々の生活が、うざったくなるんですよね。もし病気でなければ、同じような気持ちの人たち、仲間を探した方がいいです。同じ状況の方々に相談できますし。

人間は精神と肉体のバランスで成り立っています。肉体への栄養は食べることで満ち足りていても、精神面の栄養は、つまり文化です。そのための習いごとも、少しだけ行って嫌になるっていうのは気になります。誰だって最初は先生みたいにうまくはないですから。

習いごとの種類だって、美術や文学、音楽、茶道や華道、手芸もある。とにかく、囲碁も将棋も、ダンスもあれば、民謡や何かの踊り、カラオケ、演歌、ペットを飼うとか。今の世の中には選択肢がいっぱいあるんだから、ほんの二つ三つやって、「つまんない」と決めるのは早計ですよ。

旦那さんはラグビーにしか興味がないし、奥様には無関心でしょう。奥様は構われたいという気持ちもあるのではないでしょうか。今は子どもからも必要とされていないということもある。子どもは独立すると、両親より自分の家庭や恋愛相手が気になるから。早ければ中学生ぐらいから、そうですよ。だけど、それも普通のことなんです。

とにかくおしゃべり仲間とか、そういうものを作るのも面倒だと思うし、拒絶されたらと想像する気持ちもわかる。でも、そういうのも期待せずに時間つぶしだと思って、見学だけではなく手当たり次第に習いごとをやってみるのはどうでしょう。才能なんて、どこで開花するかわからないですし。

孫の顔を見るのも疲れるというけれど、60歳でしょう。まだまだですよ。ご主人だって、ずっとつまらなさそうにしている奥様だったら、休みのたびにラグビーに逃げたくもなりますよ。

地方だとおしゃれして出かける場所も少ないし、大変は大変かもしれません。けれども、人間は自由な時間や暇を持つと、ろくなことがありません。「疲れる、疲れる」というけれど、ずっと家で寝ているのもつらいでしょう。

とにかく一度病院に行かれて、更年期障害や病気でなければ、やれることはたくさんあるはずです。

娘を突然なくし、どう生きたら

［女性　50代］

昔から、美輪さんの舞台やシャンソンリサイタルを拝見して、美輪さんを身近に感じており、今回は、ぜひおすがり致したくご連絡を差し上げました。

私は先日、22歳の娘を突然事故で亡くした母親です。直後は娘のもとへ行きたいとばかり思っていましたが、読んだ本の中に「自死したものは世界が違っていて、亡くなった人のもとへは行けない」とありました。

あの世で娘に会えないなら意味がないと思いとどまりましたが、私に何か非があったためにこのような災難が起きたのかと、日々考えております。

もともと自分と他人を比較することもないので、他人をうらやむこともなく、信心深くはないものの、街で托鉢《たくはつ》を見かけると小銭とともに手を合わせる程度のことはしてきました。

娘にしましても、思い当たることはありません。子どもの命を取られると、何がいけなかったのか、神を恨みます。何かにとりつかれたのか、先祖への災いがやってきたのか、それとも全く意味なくこういうことは起きるものなのか、いくら考えてもわかりません。

ただ絶望する毎日で、生きる意味すらわかりません。娘の供養で心の安らぎが得られるものなのでしょうか？

どうか、この先もつらくとも生きていかなければいけない私に、何かしらの言葉をお与え下さい。

回答

平和な心で、健康で暮らす姿見せて

これは大変ですね、本当に……。私もこの年齢ですから何人も見送ってきましたけれど、愛する人間を亡くした人は、まず落ち着くまでに3年はかかります。

そのうえで一番の助けになるものは、哲学であったりお経であったり。とにかく本を読むことです。気をつけないといけないのは、ニセモノの占いや新興宗教、霊能者などという人たち。怪しい危険な手合いは非常に多いですから、引っかからないようにして頂きたいです。人が落ち込んでいる時につけ込むのが彼らのやり口。非常に怖いことです。

自殺を思いとどまったのは、本当によかったのです。ずっと年上のお母様が、この世に残された意味は、娘さんや先祖の方々を供養するために選ばれたからです。

どんな悲劇があっても、心は温かく、慈悲にあふれ、頭は冷静に。それを保つ努力をすることが理想的で、人が生まれてきた目的なのです。

ご自身や娘さんの、これまでの行いに非があったからこうなったのでは、という考えは間違いです。また、こちらの世界では娘さんの死は悲劇ですが、あちらの世界から見ると「おかえりなさい」ということなのです。「この世は苦である」という釈迦の言葉がありますが、この世は修行をする場なのですから。

「まだまだ修行が足りない」という人は、私のように長生きさせられます。落第生で、ずっと修行。けれど、素直で心が美しく優しい人は、飛び級で呼ばれることがあります。「召される」というでしょう。そうして、自分が元いた所へ帰っていくのです。

娘さんは今、向こうでたくさんの善霊たちに迎えられて、大歓迎されているでしょう。特に、若くして逝った方は汚れが少ないから、とっても「いい所」に行けることが多いのです。ですから、こちらの世界で泣いたりわめいたりして、マイナスの気を送り、娘さんに心配をかけてはいけません。尊い神様仏様になる修行をしてもらうためにも。

もし、お母様が自殺したり、変な占いや新興宗教、霊能者にはまってしまったり、家庭をおろそかにしてしまったりすると、娘さんは心配して成仏できません。とにかく、やけにならず、家庭と生活、ご自身の心の修行をなさって、平和な清い心で過ごす努力をして下さい。そうすると娘さんは安心できますから。

自分が精神的にも肉体的にも健康で暮らしている姿を、娘さんに見せることも、お母様の今後の仕事です。

父から母を救いたい

［女性　40代］

相談は父のことです。超がつくほど真面目で頑固なのです。私たち子どものことは、とても大事にしてくれ、持病やストレスを抱えつつも、家族のために定年まで勤め上げてくれました。私たち姉妹は高校卒業後に進学で実家を離れましたが、学生時代の生活費も出してくれ、感謝しています。

しかし、酒癖が悪く亭主関白で、老いるごとに神経質で自己中心的な言動が増え、人の話は聞かずに自分の話をし、他人の批判を繰り返すようになりました。同居する母には何をするにも威圧的に口を出し、外出さえ自由にさせないほどです。

こんな調子なので、私たちも帰省のたびに気が重くなります。意見しても聞き入れられることはなく、こちらが疲弊してしまうだけです。

母に会いたくて帰省しても、父の話だけが延々と続き、母との会話もままなりません。父は無趣味で、決して出掛けようとしないので、母だけこちらに遊びに来させたくてもなかなか許してくれません。

母は昔から、いつも家族や人のために尽くしてきた人です。せめて老後は楽しんでほしいのに、父のせいで常に家でストレスを抱えた日々を過ごしています。罰当たりですが、「このまま父よりも母が先に逝ってしまうことがあれば……」と考えることもあります。一体、どうしたらいいでしょうか？

回答

お父様の気晴らしを見つけましょう

これは、とても難しいケースに思えます。お父様は、おそらく堅いお仕事だったのでしょうね。文化の匂いが全くしないように感じられますから。

本を読むのが好きだったり、音楽を聴くのが好きだったりすれば精神的な癒やしも見つかるのですが、これまで娯楽に関わることがなかった人生だとすれば、鬱積《うっせき》した思いが奥様に向かったり、他人への悪口になったりしてしまうということもわかります。精神の持って行き場がない人、いわば迷子ですね。

自分の子どもに学費を出すのは親として当然ですが、それを「ありがたい」と言える相談者は立派です。

お父様には長年積もった思いもあるのでしょう。自宅で自分の話ばかりするのは、職場で評価してくれる人がいなかったからなのかもしれません。お母様も、いわゆる「肝っ玉母さん」になれたらいいのですが、それは無理でしょうし。何よりも、気を悪くしたお父様が逆上して暴力を振るうようなことがあれば、大変危険ですからね……。

少し極端ですが、荒療治として考えられる手段は、お父様を一度、一人にしてみることです。そうすればお母様や娘さんたちのありがたみもわかると思います。

ですから、お母様は黙って一度ぐらい家出してみたらいいのではないでしょうか。「色々お世話になりました」と書き置きして。少しぐらいお父様を驚かせてもいいでしょう。相談者である娘さんの所に行くなり、一人で旅行にでも行くとかね。

お父様は、自分がお母様に対してひどいことをしていると気づいていないようですから、まずは気づいていただかないといけません。それぐらいしないと、この人は懲りないでしょう。

ただ、家出はお母様がどうしても我慢できなくなった場合と思って下さい。それまでは、お父様に気晴らしを見つけてもらう方法を考えましょう。囲碁や将棋を勉強するとか、和歌を作ったり本を読んだりと、家にいても色々とできることはあります。

文化や教養、知識につながる遊びを、どうにかして見つけてもらう。もしそれでもダメなら、最後の手段に訴えればいいのです。

最近は、本などの代わりにカラオケやスマートフォンでのゲームなんてのもありますよね。教養や知識とは少し違うかもしれませんが、憂さ晴らしの一つの手段ではないでしょうか。

亡き父が夢に出て不快です

［女性　50代］

12年前に77歳で他界した父が、たびたび夢に出てきます。私は幼い頃から父を好きになれず、今も憎い存在です。

幼い頃、父は出稼ぎに出ていて、帰ってくるのは年に1回くらいでした。小学校に上がる頃に戻ってきたものの定職には就かず、家事や趣味の庭いじりに没頭していました。昼夜働く母が家計を担っていたこともあって両親の関係は円満ではなく、お金が原因によるケンカもありました。

父は私に「年をとってから授かった娘」と言うのが口ぐせでかわいがり方が半端ではなく、年頃になるとそれが疎ましくて仕方がありませんでした。突然私をなでてきたり、ほっぺに無理やりキスをさせようとしたり……。

それに加えて働かないのだから、私の父嫌いはエスカレートする一方。晩年は嫁いだ娘にお金を催促したことや、私の印鑑を無断で持ち出して私名義で借金をしたこともあります。

父が病に倒れ、あっという間に亡くなった時は正直ほっとしました。夢に出てくるのは、その恨みなのか、目が覚めた後は不快さと疲労感でいっぱいです。

父がこの世に居ないことに安心すること、その事実に娘として自己嫌悪もします。私が父に「愛してあげられなくってごめんね」との思いを持てば、夢にも出てこなくなるのでしょうか。

回答

お父様の「歴史」を知ってみたら

これは霊的なものではなく相談者の心の中の問題です。お父様のことを恨みに思ったり、近親憎悪みたいな感情を抱いていたりしているわけですね。

父親がベタベタしてくることに成長期の娘が嫌悪を感じるのはよくあることですが、多感な時期に押しつけられたことが心の傷になっているのではないでしょうか。

ここは一つ、お父様の気持ちになって考えて下さい。お父様はどんな少年時代を過ごし、どんな風に育ったのか。ご健在でしたらお母様に、ほかにもいろんな人に聞いてみるといいでしょう。

どんな仕事だったかはわからないけれど、年に1回ぐらいしか帰ってこなかったのはなぜか、その後定職に就かなかった理由は何か。感情的にならずに冷静に、お父様の歴史をたどってみましょう。

どんな両親にどんな環境で育てられ、学校でどんな勉強をして社会に出て、妻であるお母様に出会ったのか。父親として見るのではなく、一人の人間として対等な目線で見て下さい。その人の歴史を知るためにその人の物語を理解すれば、その人の本質を理解できるようになる。私はそう思います。

お父様の一番の心のよりどころは、奥様と子どもだったのではないでしょうか。経済的には弱者だったかもしれません。けれども、妻だろうが夫だろうが、元気で稼げる人間が仕事をして経済的な部分を支える。これは本来当たり前のことなのです。稼げる人が稼ぐ。家事や子育ては立派な仕事で、お父様はイクメンです。今じゃ当たり前ですが、当時はそんな言葉はなかったからお父様は先駆けです。そもそも本当に家事が嫌な人は自分ではしません。

それから、お父様に対して「愛してあげられなくてごめんなさい」と考えるのは自意識過剰気味ではないでしょうか。

どこの父親だって、かわいい子には男の子でも女の子でも、ほおずりしたりキスさせようとしたりします。子どもは嫌がるけれど、親はやりたがります。

理性的に考えれば「ああ、ウチのおやじは人間として普通だったんだな」と思えませんか？　そう思い至ることができれば、相談者自身の心の中の何かが変わるのではないでしょうか。

情念は理性で考えることで浄化されます。そうすれば、夢に見ることもなくなるでしょう。普通の親が自分の子どもにすることをしていただけなのですから。

学級委員の息子、どうすれば?

［女性　50代］

50代の女性です。中学生の息子のことで相談いたします。

息子は、学校で学級委員を務めており、クラス内の意見をまとめるだけでなく、学級の代表として他のクラスにも顔を出し、良好な関係をつくってきました。

また、クラスメート一人ひとりの幸せがクラスの発展につながるという思いから、級友の家族に悲しいことが起きた時には、その家庭にまで出向いて、ご家族の方々を励ましてきました。

ところが最近、何人かのクラスメートから「学級委員は決まったことだけをやればよいので、関係のない余計なことは一切しなくていい」と言われてしまったそうです。

彼らは、「学級委員のあり方」について話し合っているようなのですが、当事者であるはずの息子は、どういったわけか、その場に呼ばれてすらいません。

クラスの中にいろいろな考えがあるのはわかりますが、学級委員本人である息子が、自分の仕事に関する議論にさえ加われず、欠席した中で言われっぱなしの状態であるのはかわいそうだし、親としてとうてい納得できません。このままでは、息子の人権が侵害されているように思います。

こういった場合、親である私と本人は、どう対処すればよいものでしょうか。よいアドバイスをお願いします。

回答

「出過ぎず、引っ込み過ぎず」で

これは、息子さんが出しゃばり過ぎた面もあるのではないでしょうか。ほかのクラスなど、自分の学級以外に「クラスの代表」として顔を出したり、不幸があればクラスメートの家庭に出向いて励ましたりというのは、少々やり過ぎのようにも感じます。特に家庭のことはプライベートですから、級友のご家族も、先生ではなく学級委員が来て驚いたでしょう。

親の目から見ると、どうしても「自分の息子は学級委員にまでなって優秀で、非の打ちどころがない。大したもんだ」という目で見がちです。おそらく客観的にみても優秀でしっかりしているからこそ学級委員に選ばれたのでしょう。

しかし、ここは親御さんが諭すべきです。息子さんは、昔風に言うと「出しゃばり」。これでは嫌われます。世の中には、ねたみやそねみ、ひがみもあります。

とにかく息子さんはまず、クラスの中のことだけに専念すべきでしょうね。そして、呼ばれてもいないのに自分から「どうしたの?」と首を突っ込むのではなく、相談を受けてから動くというスタンスがいいでしょう。

クラスメートたちの話し合いに加えられていないというのは確かによくはないですが、その原因は、やはり息子さんのこれまでの言動にもあるのではないでしょうか。お母さんからも「それには何か原因があるはずだから、それを分析して、解決できるようにしてみては?」と提案してみてはいかがでしょう。

今回のことは息子さんにとって、自分の言動が他人の目にどう映るかを知るきっかけになるでしょう。現在は、ねたみやひがみに対する備えもない状態でしょう？　いろいろと言ってくる人に対しては、その人たちに意見を求めてみるのも一つの手。求められた方は悪い気はしませんから。

いずれにせよ、この一件は、きっといい社会勉強になります。こういう経験は大人になって、勤め人になった時に大変役立つのです。世間を渡るには、出過ぎず、引っ込み過ぎず。これをモットーにしておけばいいのです。

それからもう一つ。お母さんは、息子さんから少し距離をとって接した方がいいでしょう。我が子のことですから心配になって、朝から晩まで息子のことを考えてしまうのでしょうけれど、あまりあれこれと立ち入って心配しすぎてもよくありません。もう少し遠めから、そっと見守ってあげて下さい。

両親への怒りが消えない

［女性　50代］

両親への怒りが消えません。私は小中学生の頃、父から性的虐待を受け、それを誰にも話さずにいたのですが、娘が中学生になると当時の自分とダブり、精神的につらくなって周囲の人に打ち明けることで少しは楽になりました。

しかしその後、父が自殺しました。今80代になった母は当時、「あんただけが被害者じゃない。私だって……」と言いましたが、その後はお互いに何事もなかったように振るまい、つきあってきました。

しかし昨年夏、私が胃がんで手術を受けた際に「なんで病気になったの？お酒の飲みすぎでは？」と言われ、蓄積していた怒りが爆発して「あなたにあんなことを言われたのが人生最大のストレスで、病気もそれが原因。お見舞いにも来ないで！」と言ってしまいました。

毒づいたことは後悔していません。私を守ってくれなかったどころか平然として、反省の色が見えなかった母に対し、怒りが激しくなるばかりなのです。

一方、母も10代の頃に実母が自殺したり、実父の不倫を目撃したりと、決して幸せではなかったようです。

現在の夫は私を守ってくれる人で、とても幸せです。彼は「もういいだろう」と言いますが、私は両親への怒りが消えません。許そうと思っても、母に会うとイライラします。どうすれば解放されるのでしょうか？

回答

ささやかな今の幸せを大事に

まず大前提として、あなたは現在、夫も子どももいて、幸せなのですよね？　今も不幸であれば、恨み続けていてもいいかもしれないですが、そうでないのなら、少なくとも幸せである現状を、きちんと認識してほしいと思います。今が当時と比べ、いかにまともな家庭であるかと。

そして、もちろんお父様にひどいことをされたのはわかりますが、罰を自分に科し、死をもって償った。お父様も、苦しんだからこそ自死を選んだのでしょう。何とも思っていなければ、「悪かったな」の一言で終わりです。きっと今も平気で、のうのうと生きていますよ。ここはあなたの今後の人生のためにも「とりあえずは、一段落した」と認識してもいいかもしれませんね。

そしてお母様についいて。この方は、耐えて耐えての人生だったと思いますよ。しかも、自分の夫が、自分のかわいい娘に手を出した……。お父様に対し、それこそ「殺してやりたい」と思ったこともあったでしょう。夫のことを愛していれば愛しているほど苦しんだと思います。どれほど苦しみ、悩み抜いたでしょうか。想像を絶する思いをされたでしょう。

そんな姿を、それこそ自分の娘に見せたり愚痴ったりはできなかったに違いありません。一つ言えることは、お母様は苦労人だということですね。夫が娘に手を出し、娘を恋敵のようにいじめる母親もいますが、そういったこともしなかったのですから。

そんな果てに夫が自殺したとなると、その時の苦しみや悲しみはいかばかりだったか。もちろん、あなたが被害者であることもわかりますが、お母様の気持ちや、自分の子どもがもし夫に虐待されたら……ということを想像してみて下さい。そうすれば、お母様の強さが少しはわかるのではないでしょうか。あなた以上に、相談相手はいなかったでしょう。

お父様は罪にさいなまれて許しを乞う自死を選び、お母様は耐えて生きてきた。その現実を直視すれば、自然とわだかまりは解けてゆくのではないでしょうか。

不幸の経験がある人は、だからこそ、ささやかな幸せも感じることができます。ずっと幸せな人には、それが当たり前だからわからないもの。あなたなら、きっとわかるはずです。「あの不幸な出来事も、今の幸せを10倍にも20倍にも感じられるようになった土台」と思って、これからは前を向いてほしいです。

父へのイライラ、どうすれば？

［女性　30代］

30代の女性です。鬱《うつ》だった母が2年前に他界し、私は現在、80代の父と地方の郊外で二人暮らしです。

私は睡眠薬を服用しているため眠りが深く、朝は父に起こしてもらいます。朝食も皿洗いも洗濯も、父の担当です。夕食の担当は私。分担は大変助かり、感謝しています。

父は高齢のため耳が悪く、他人との会話がままならないので買い物は全て私が行きます。ただ、献立一つとっても、私が「お刺し身、買ってきていい？」と聞くと「いいよ」と言うのに、食べた後には「胃が冷える」と言うし、「煮物が食べたい」と言うので作ると「胃がポタポタする」とこぼします。母が鬱になるまでは、わがままな父に合わせるため、腐るほどの食材を買っていました。

先日も「下着は何でもいい」と言っていましたが、適当に買うと「はき心地がよくない」と言い出すに決まっているので、四つ先の駅にある父のお気に入りの店まで行きました。

インターネットショッピングは、節約のためプロバイダーと契約しておらず、できません。

最近は「ボールペンの替え芯ないの?」と言います。父は知らないのですが、替え芯は二駅先の市街地にある文房具店にしかありません。私は時々イライラします。

「クソジジイ!」と思わないようにするにはどうしたらよいでしょうか。

回答

「クソ娘」の自分と向き合って感謝を

これは困ったものですね。でも、朝食と皿洗いと洗濯はお父様がされていて、相談者の方は、それに対して感謝の気持ちをお持ちなのですよね。感謝したままで終わればいいじゃありませんか。

思いやりを持って下さい。人間は誰もが老いるのです。老齢になると足腰も弱くなるし、耳も遠くなります。

想像してみて下さい。他者との会話もままならなくなるじれったさ、苦しさ、さみしさ……。世の中から隔絶されたような気になるんだから、そりゃあ焦りますよ。美しい音楽も鳥の声も、何も聞こえないのです。会話は怒鳴り合わないと不可能なんです。それが毎日続いているんです。

お父様が食べてから発するのは「まずい」とか「こんなもん食えるか」とか、けんか腰ではないですよね。「胃が冷える」「ポタポタする」は、年寄りならではの自分の体調に対する感想です。それを「文句を言われた」と取らない方がいいと思います。

下着の「はき心地がよくない」というのも、若くてわからないと思いますが、年を取ると、多くの人は尿がうまく切れなくなってしまうもの。東京・巣鴨《すがも》の「とげぬき地蔵」の周辺では、高齢者に人気の赤いパンツを売っていますが、ああいった商品は局部のところが二重、三重に厚くなっているものもあります。

メーカーによってサイズやカッティングが違うから、その人の体形や健康状態によって下着も合う、合わないがあるんです。若い人だってスポーツマンなどであれば、下着にこだわります。まして年寄りなら、体形と体調が変わってしまうので……。気持ちはわかりますよね。

四つ先の駅での買い物についてですが、電車の本数が少ない地方都市でも、歩いて山や川を越えていくわけではなく、毎日行くわけでもありません。ボールペンの芯だって、お母様のように買いだめしていればいいのでは？　私が相談者のお父さんなら、こちらの方がイライラしてしまうかもしれません。

「クソジジイと思わない方法」ですか。「こんな風に思ってしまう私はクソ娘なんだな」と思うこと。30代の大人の女性が毎朝父親に起こしてもらって、下着も洗ってもらっているんでしょうか。お父様に悪い感情を抱く前に、自分はどうなのか、胸に手を当てて考えてみて下さい。

救いはあります。「感謝している」というのですから。そんなご自分と一度、じっくり向き合ってみて下さい。

第5章

私たちは多様な世界に生きているのです

同性の先生に恋しました

［中学生女子　10代］

中学生の女子です。かなわぬ恋をしてしまいました。相手は学校の美術の先生で20代後半。既婚者で、少し前まで育児休業していました。そして何より、その先生は女性なのです。

私は、制服のスカートを抵抗なくはけますし、男子のような乱暴なことは一切しません。ただ、自分が女だろうが男だろうが、どうでもいいと思う時はあります。もし朝起きて体が男になっていても、あまりショックは受けないでしょう。

それから、相手の年齢も気にしません。私は自分の軸が定まっている人が好きなので、どうしても恋愛対象者は年上になってしまいます。

「中学生の恋の話なんて、どうでもいい」と思われそうですが、私はとてもつらいです。この恋が、いかに無謀であるかもわかっているから……。心が壊れそうです。

家に帰ると、先生がプリントに書いて下さったメモを何度も読み返しています。あの小柄な体とショートの髪、真面目な瞳などが頭に浮かび、胸がギューーッと締めつけられます。

こんなことではいけないと思い、体を動かしたり本を読んだりしました。しかし、どれもうまくいきません。先生にとっては迷惑だとわかっているのに、思いは消えません。

受験も控えている中、いったい、どうすればいいのでしょうか。

回答

問題ありません。知識や教養身につけて

相談者だけではなく、こういった年頃の女性が、同性の同級生や上級生に好意を抱くケースは少なくありません。成長過程の女子中学生にとってみれば、毛むくじゃらで男臭い男性は受け付けないのでしょう。父親の臭いも嫌いになり、男性でも女性的な顔立ちのアイドルに興味が向くことも多いように。宝塚歌劇が長年にわたって人気なのも、同じような理由です。

ですから、この方は全く異常ではありません。むしろ、よくある話です。

それから、相談者は今の段階では、まだレズビアンかどうかもわかりません。

そしてもちろん、レズビアンだったとしても、何も問題はないのです。スカー

トを抵抗なくはくとのことですが、同性愛者も多様で、女性の姿をしていて女性が好きだという人もいます。性的指向と服装は、必ずしも関係ありません。千差万別なのです。

同性愛者が大人になり、会社員や公務員として就職した方々は、職場では隠している人も多いようです。時代が変わってきたとはいっても、特に公務員のような秩序社会では、まだまだ理解されていませんから。

けれども、芸術関係だと逆手に取る人も多いですし、ファッション関係でも一切問題になりません。男性の場合、むしろゲイであった方が有利に働くケースも多々あります。モデルさんたちも気を許して色んな悩みの相談ができるでしょうから。

いずれにせよ、相談者は悩む必要はありません。大人の異性愛者であっても、同性の人を好きになることだってあるのですから。世の中の人間というのは、白黒はっきりさせられないもの。自分を「こうだ」と決めつけなくてもいいのではないでしょうか。

今は好きな女の先生に尊敬してもらえるよう、幅広い科目で知識や教養を身につけて下さい。そうすると先生も相談者に目をかけてくれるようになり、新たな関係が始まるのではないでしょうか。そうすると受験は楽勝になります。

勉強の科目だけでなく、文化も含めて学んで下さい。好きな人に振り向いてもらうために学んだことが、いずれは全て自分の財産になるのです。やることがたくさんあって楽しみですね。

お相手は美術の先生なのですね。それならルネサンスやバロック、日本の浮世絵や錦絵、現代美術作品まで幅広く勉強すると、共通の話題もできるのでは？　先生も、きっと驚くはずです。

ゲイであることを告白すべきか

［高校3年生　男性］

はじめまして、こんにちは。僕は高校3年の男子です。毎日、大学に進学するための受験勉強と、部活に励んでいます。高校生活は、とても充実しています……と、きっぱりと言いたいところですが、実は一つだけ、とても大きな悩みを抱えています。

僕は恋愛に関して、女性よりも、男性に対して魅力を感じるゲイなのです。本当は、ありのままの僕のことを理解して欲しいとも考えているのですが、その一方、今の日本の状況では、まだまだ差別的な見られ方をするケースも多いでしょう。だから「もし学校で他の人に知られると、いじめられるかもしれない」とも思っています。

このため、信用している友人たちや、（性的少数者の）ＬＧＢＴに理解を示していると思われる自分の親に対しても、まだ本当の自分のことについては告白できていません。

ただ、そういった人たちに、このままいつまでも黙っているのは苦しく、とても深く悩んだ末に、こちらに投稿することに決めました。

このまま黙って、自分を隠して生きていくのが賢明なのか、それとも誰かに思いきって打ち明けて、オープンにして生きていくべきか。あるいは、全く別の方法はあるのでしょうか？　語彙《ごい》力が足りなくて申し訳ないのですが、どうかアドバイスを頂きたいです。

回答

成人になるまで待ちなさい

これは非常に多いケースの悩みですね。ただ、答えは簡単です。どうしても言いたいとしても、とりあえずは「成人になるまで、あるいは大学生になるまで待ちなさい」ということです。

高校生では、まだ分別がない人も多いし、他人に対する思いやりがなくて、すぐに笑い話のたねにされてしまいます。中学や高校までは、人の悪口や笑い話を探している年齢ですから。

昔、同じような悩みを持つ男子中学生が、私のアドバイスをきかずに相手に告白して、相手が言いふらしたことから、学校に居られなくなったということがありました。自分で自分を追い込んでしまったのですね。「自殺したい」という騒動にもなりました。その後で私は彼に転校を勧めました。

そもそも、自分が同性愛者であることを広く触れ回る必要なんてありません。異性愛者の男性で「私は女が好きで好きで……」と言い回っている人、いますか？「私、男好きなんです」という女性だって、周囲から頭がおかしいと思われるでしょう。それなのに、なぜ同性愛者だけが「カミングアウト」しないといけないのでしょうか。その認識から間違っているのです。

世の中は昔から、様々な種類の人間が共存しているのです。同性愛者も異性愛者も、ともに自然の法則の中で生きています。罪を犯したわけでもないのですから、堂々と胸を張って、同じように生きていけばいいのです。

よくテレビ番組の演出で、ゲイという理由だけで、みんなの目の前でほかの男性タレントに抱きついたりする場面がありますよね。ああいった形で笑いものにする人や、笑いものにされることを許容する人がいるから、同性愛者がさげすまれるのです。

プロデューサーやディレクターの狙いなのでしょうけれど、理解に苦しみます。最近は東京でも同性愛者に理解のある区などもありますが、そもそも同性愛者を「異常」と思っている人が多数いるからこその演出なのでしょうね。自分が生きている狭い世界が「標準」だと思い上がっている人がいかに多いかを考えさせられます。

それから、親に関しては、そのうち薄々とわかってくるものです。それでも、あえて自分から両親に「同性愛者だ」と言う必要はありません。普通でいいのです。

とにかく今は高校生なのですから、今後の人生のためにも学校生活を優先して学業に励んで下さい。

「恋人の彼」が結婚して不安

［男性　30代］

30代後半の同性愛者です。昨年、大切な少し年下の彼ができました。お互い愛し合っていて、とても仲がいいです。

しかし、ちょうど数カ月前、彼は親の勧めでお見合いをして、女性とつきあい、同居を経て、ついには結婚してしまいました。

彼自身が「子どもは欲しい」ということと、親の強い要望によって、なかなか断り切れなかったようです。もちろん私は、この結婚話を断るよう訴えたのですが、彼の意思は固く、覆すのは難しかったのが現実です。

ただ、彼にとって一番大切なのは今でも私で、結婚しても結婚相手の目を盗んで会い続けています。彼は私に「これから先も、ずっと会いたい」と言ってくれています。

彼の気持ちに偽りはないと確信していて、自分も彼を愛しているので別れたくはないのですが、彼は既婚者。当たり前ですが、不安な気持ちは抑えきれません。これから先、どのような心持ちで過ごしていけばいいのかアドバイスをいただきたいのです。

私たちの関係は一切ばれていないのですが、その結婚相手に対する嫉妬や、結婚という紙一枚のことに負けてしまう悔しさなどの感情がわき上がってきて、その気持ちと葛藤している日々なのです。可能であれば、美輪さんのご意見を聞かせていただけないでしょうか。

回答

惚れようが足りません

相談者は彼よりも自分の方が大切なのですね。「愛している」と書いていますが、愛してなんかいません。恋慕しているだけ。それは恋です。愛と恋は違います。狂恋とか、邪恋という言葉はあるけれど、「狂愛」「邪愛」なんて言葉は存在しません。なぜか。恋愛というけれど、「愛恋」とはいわない。恋が先にあって、愛は後からくるものだからです。

恋は自分の欲望。「ずっと抱き合っていたい」「セックスしたい」というように、自分が主語。欲望を満たし、孤独から逃れるために相手が必要な状態です。だから、待ち合わせの時間に来ないと「私を待たせるなんて」と相手に腹が立つ。遅れてきた相手をなじる、怒る。自分の方が大事だから。買い物に行くと、彼に褒められたい、かわいく見せたいという思いで品物を選ぶ。

これが愛に行き着くと、自分の物を買いに行っても「相手に似合いそうだな」という物を見つけて買ってしまいます。自分の物は後回し。待ち合わせに来ないと「事故に遭ったのでは」と心配になる。「仕事で忙しいのに無理させたのでは……」。だったら来なくてもいいのに」とも思う。

遅れた相手がやってきて謝ると「いや、私も今来たところだから」とうそをついて、相手に負担をかけないようにする。世の中の全てが、相手を中心に回り始めるもの。自分のことは二の次、三の次になります。それが愛なのです。

相談者がしているのは、恋。相手の妻に嫉妬しているのが何よりの証拠です。愛しているのであれば、相手の妻に感謝するはず。自分だけでは相手を満足させることができない、子どもも産めないわけですから。その女性が子どもを産んでくれて、彼がいいパパになって幸せな気持ちになるのなら、それでいいと思う。それが愛ではありませんか。

相談者と彼の妻は、ともに彼を大切に思う「同志」です。彼を愛しているのであれば、「彼を幸せにしてくれてありがとう」という気持ちから、彼の妻にも子どもにも親切にしたくなるでしょう。

それに気づかず突き進めばストーカーです。ストーカーは犯罪ですし、ウザいだけ。何より今の状態で彼に感情をぶつけると、重荷になり嫌われます。

ここは大きな愛情で、彼の全てを受け入れる覚悟を持って欲しいです。そうすると相手も楽になるし、自分も解き放たれます。要は「惚《ほ》れようが足りない」ってことですね。以上です。

黒人の彼と結婚したいけれど

［女性　20代］

20代の女性です。つきあって4年になるアメリカ人との結婚を考えています。彼は仕事熱心で人望が厚く、家族や友人を大切にする、誠実で温かい人です。しかし、黒人であるという理由で、私の親から猛反対を受ける可能性が高く、とてもつらい状況にあります。

「可能性」といいますのは、彼とつきあい始めの頃、さりげなく私の母に伝えたところ、母は大変ショックを受け、次のように言ったのです。「あなた自身と、あなたの子どもが絶対いじめに遭う。黒人男性を親族として受け入れられない。もし結婚するのなら縁を切る」

私は現在一人暮らしで、母は祖母と暮らしています。二人とも、非常に保守的な価値観を持っているのです。

私が幼い頃、母は育児ノイローゼで親権を一時放棄したことがありますが、紆余《うよ》曲折ありながらも、育ててくれたことに感謝しています。ただ結婚相手は私自身が決めたい。一方で、身近で精神的に支えてくれる存在を得られないと不安に思う、情けない自分もいます。

彼も真剣に受け止め、私と家族の良好な関係を守るためにも別れるべきだ、と涙ながらに一度提案してくれましたが、やはりお互いを大切に思っているため、交際を続けています。

親の価値観に振り回されず意思決定するには、どうするべきでしょうか。

回答

人となりを見てもらいましょう

相談者のお母様は、かつてご自身が育児ノイローゼになったという経験から、子育ての大変さを身にしみてわかっているのでしょう。だから、娘さんが恋人とどれだけ愛し合っているかというのは、許すか許さないかの判断には関係ないのでしょうね。

お母様にとって大事なのは、それよりも孫。つまり相談者に子どもができた時のことを考えてしまうのでしょうね。黒人の血が混じっていると、学校や就職で差別される、絶対に苦労する、と。

ですが、差別やいじめというのは、同国人同士でも実際にあります。異国の血が入っているから、という観念は捨てた方がいいのです。それに最近、日本でも肌の色や人種に対する偏見は薄らいできているでしょう。八村塁さんや大坂なおみさんなどスポーツの世界で活躍している立派な人達も多いですから。

もっとも、これはお母様の受け止め方の問題。とりあえず相談者は、お母様に彼を紹介して、実際に会話を重ね、彼の人となりを見てもらわないといけないでしょう。相談の文面を見ると、まだ実際には顔合わせをしていないようですが、わかってもらうには、まず二人を会わせることが何より大事であることは言うまでもありません。

ただ、本当は最初は「恋人」としてではなく、さりげなく「友達の一人」として紹介しておけばよかったのだと思います。人というのは、他人が自分の人生に入り込んでくると思うと、どうしても反発します。いきなり「結婚したい」と言われると、抵抗感があるのは普通でしょう。

一方、娘の友人として「いい人だな」と思うようになってから「実は恋人なの」と打ち明けられると、どうでしょうか。突然よりは、ずいぶん印象が違ったと思います。

ただ、現時点では、このやり方はすでに無理ですから、できればほかの女友達や男友達と一緒にお母様に紹介して、そういった友達に味方になってもらうことが得策ではないでしょうか。

それでも反対されたままだったら、一度は別れたふりをして時間が経《た》つのを待つか、根気強く説得を続けるしかないですね。何より、これは一生の問題です。焦ってはいけません。

ここはじっくりと時間をかけましょう。お父様がいたら、もっと大変だったと思いますよ。「絶対に娘は、どこにも嫁には出さない」という男親は、今の世の中でもたくさんいますから。

第6章 生きるために必要な知恵とは

先祖の墓をまとめて供養したい

［女性　33歳］

供養や墓について、美輪明宏様のご意見を伺いたく投稿します。父も母もひとりっ子で、父は墓を相続し、母は（両親が離婚したため）父方母方二つの墓の面倒をみています。私は二人姉妹の長女で、二人兄弟の長男と結婚し、子どもはまだおりません。

夫の両親、つまり私の義理の両親は、分家なので自分たちの墓を建てる予定です。姑《しゅうとめ》は家父長的な思考の持ち主で、長男相続が当然と思っている様子。主人の弟は親の面倒をよくみるし未来の跡継ぎ（男の子）もいるため、私は彼に墓を相続させてあげればいいと思っています。正直、家の墓四つの面倒をみるのは手にあまり、重いです。

世話になった祖父母や親類だから供養はしたいです。実家の墓がなくなってしまうのは私も寂しいです。自分が死んだら「実母と一緒に宇宙散骨」か「実家の墓入り」の2択がいいと思いますが。

いっそ、全てまとめて「希望する縁者の墓」を建て、墓石には「南無阿弥陀仏」と刻もうかと思うのですが、これだと供養にならないでしょうか?

私は家父長制が大嫌いなのに、墓問題に直面することになり、相いれない家風の主人との結婚で改姓したことも、今振り返れば間違いだったのでは、とすら思うようになりました。供養に関して「氏」はそれほど重要ですか?

回答

時代に従い、振り回されないように

お墓のことは、お年寄りだけでなく、様々な家庭で問題になっています。たとえば、仕事の都合で故郷を離れ、継続的な供養ができないケースもあります。昔のように同じ土地に何代も住み続ける時代ではありません。移動手段も発達し、数時間で遠く離れている場所にも行けるようになりましたし。

先祖供養も、お墓マンションなどのシステムも出てきました。時代に従えばいいのではないですか。お墓をまとめてはいけない、なんていうことはないのでは。霊的なものは、心の問題ですから。

「先祖のたたりが」などと言う人もいますが、たたるような先祖は、もう先祖ではありません。ただの怨霊です。

「私はお墓にはいません」という内容の歌がありますが、あの世というのは距離も時間もないのです。では何のためにお墓があるのか。お骨の安住のためと、盆暮れ彼岸に残された親族が交流するためのものなのです。

普段、コミュニケーションがない家族でも、節目に集まり、会話を交わし、旧交を温める。そんな生活の知恵でもあったわけです。親はお墓の前で子どもに「私たちもそのうちここに入るから、あなたたちも子どもを連れて会いに来てね」と。

私の場合も父方と母方と、親戚のお墓も面倒をみていますが、長崎で遠いから、たまに行く時についでに拝み、行けなければ、お経料をお寺に送って「読経をお願いします」と伝えています。それでいいのです。経済的なことも含め、その家ごとの理由もあるでしょうから、できることをすればいいのです。

そもそも先祖代々といっても、みんな勘違いしているのは、父方の直系だけを指すと考えている人が多すぎます。本来、先祖はどれだけ多いと思いますか？　両親は二人、祖父母は四人、祖父母の両親は八人。倍々で何代もさかのぼると、想像を絶する人数になります。

「自分には何の才能も可能性もない」と思う人は、おびただしい数の遺伝子が自分に受け継がれていることを自覚してほしいのです。たとえ「あの親の子だから」と思っても、5代6代と、ネズミ算式に数えれば、立派で優秀な人も絶対にいます。お墓というのは、そういうことに思いをはせる場所でもあるのです。

自分の資質についても深く考えられる場所。けれど「こうしなければいけない」とは、いろんなことをいう人もいますが、多くは迷信。振り回されることはありません。

社会規範が全て無意味に思える

［大学院生　23歳］

私は23歳の大学院生です。最近、世論や社会規範のようなものに強い疑問を覚えるようになり、どうしたらいいのかわからなくなっています。

実は私は同性愛者です。現在はアメリカに留学しているのですが、先日、全ての州で同性婚が認められ、街のあちこちでレインボーフラッグがはためき、多くの人が制度の変更を歓迎しているのを肌で感じています。

もちろん、私も本当にうれしいです。しかしその反面、どこかで素直に祝福できない思いもしているのです。

今の時代をアメリカで生きるＬＧＢＴの人たちが、少しでも生活しやすい社会になるのは素晴らしいことですが、ひと昔前に、つらい差別を受けた世代に思いをはせると、自分でも驚くほど、深く落ち込んでしまうのです。

今回のＬＧＢＴの件に限らず、人間の人生の大部分は、生まれてきた時代や場所で決まってしまうのでは、と考えてばかりいます。今日の社会規範も、明日ではないにしろ、20、30年後にはなくなっているかもしれないと考えると、全てが無意味に思えてしまいます。

修士論文の提出や就職活動を来年に控えているのですが、ふとした瞬間、このような虚無感に襲われるのです。私が学生だからでしょうか。「青い」のでしょうか。どうしたら克服できますか。教えて下さい。

回答

疑問を持つことは真っ当です

まず第一に、世論や社会規範に疑問を持つことは、いいことです。私たちの世代は終戦の年の8月15日を境に、それまで常識とされていたものが非常識になり、非常識だったものが常識になりました。勝てば官軍、負ければ賊軍で全部ひっくり返ってしまったのです。

悪とされていた自由や民主主義、社会主義は美徳になり、軍国主義、封建主義、ご主人のためなら腹を切るということは一転して、ばかばかしく陳腐なことに変わりました。

社会の規範というものは、秩序を保つためにはある程度必要ですが、10

0%正しいとは言えません。そこを疑ってかかるということは、非常に正しいことです。あなたの考えは真っ当ですね。

アメリカに留学中とのことですが、レインボーフラッグは同性愛などの象徴で、現在は目にする機会も多いでしょう。

かつてのLGBTの人たちへの差別について考えると落ち込むということですが、実は太古のギリシャ、ローマ時代までさかのぼると、同性愛は変わったことではありませんでした。そういったことを題材にしたイタリア映画なども随分とあります。

むしろ、当時は同性愛は「普通のこと」だったのです。しかし、昔の国家は人数が多い方が強かった。兵隊が多い方が有利ですから。ヨーロッパでは、そういった国家主義が幅をきかせるようになると、同性愛は子どもを生みませんから、後世の人間の都合で「それは神が許さない」と、神の名を利用したのです。「汝《なんじ》の敵を愛せよ」とまで言ったキリストが、同性同士が愛し合うことを憎めと言うわけはないのですから。

いつの時代でも、後の為政者たちが、都合よく歴史を書き換えるのです。日本でも、平安時代や戦国時代、江戸時代には、権力者の近くに「お稚児《ちご》さん」がいるのが当然でした。

同性愛が不自然だと言う人は、そういった歴史認識に欠けています。自分が異性愛者だから、自分と違うからダメだという考えは、無知なファシストと同じです。相談者も、自然の法則だと知っていれば、心が揺らぐことも悩むこともありません。

動植物にも色んな種類があるように、人にも色んな種類がいる。それと同じです。あなたは何も恥じることはありません。私は、そういう真理を知りましたので、自分を恥じたこともコンプレックスを感じたことも一切ありません。

占いや怪しい健康法に凝る母

［女性　20代］

はじめまして。50代の母のことで相談です。

ここ5年ほど、父が体調を崩し、父方の祖父が他界するといった不幸が続いたことが原因なのか、母が占いや、怪しい健康法にはまっていて、非常に困っています。

自分だけが勝手に夢中になるならまだ我慢できるのですが、私の行動や進路に対しても「その方位に旅行してはだめ」と止めたり、資格試験の会場についても「その方位だと、うまくいくのかしら……」などと、いちいち口を出したりしてくるのです。

また、最近では実家に帰るたびに、怪しげな健康食品が目につくようになってきました。中には「これって、ただの水じゃないの？」というような物もあるほか、科学的とは思えないような健康法をうたう本も増える一方なのです。

それと関係があるのかどうかはわからないのですが、「とにかく日本は素晴らしい！」というような考えにも傾倒しているようで、テレビを見ながら、外国人に対する差別的な発言を口にするようにもなってしまいました。

家族の健康問題や金銭問題で母自身に余裕がないことが一因だとは思うのですが、もっと自分自身と向き合い、内省してほしいと願っています。母に言って聞かせて、響くような言葉はないでしょうか。

回答

占いは参考。振り回されずに

お母様は方位学に凝っているのですね。確かに何千年も続く中国起源の占いで、私は方位学は統計学とも言えるのではないかと考えています。

けれども、まず一番大切なことは、占いというものは、あくまでも参考にすべきものであって、それ以上でもそれ以下でもありません。占いに振り回されるなんて、もってのほかです。そもそも「あっちの方角は悪いから、行ってはいけない」などということを繰り返していては、仕事にならないではありませんか。

昔、ある芸能界のスターで方位学にはまった人がいました。ある時から「その方角には行けないから」と仕事を断っているうちに、全く仕事が無くなったのです。占いが正しければ、その方は良い方角ばかりを選んで通っていたのですから、ずっとスターで居られたはず。なのに、逆に仕事を失ったのです。

方位学自体が悪いとは思いませんが、他人からの注意と同じで「そういう意見もあるのか」という程度で認識していればいいのです。当然、誰かに強要するものでもありません。ですが、実際には多くの人が参考にするのではなく、振り回されていて、これは危険だと思います。

テレビを見ているときに差別発言をするようになったというのは、また別の話だと思います。お母様には「そんな発言すると嫌われ者になるから気をつけて」と注意してあげるべきです。差別発言をする人は人格が疑われます。そんなことを言い続けていれば、やがてお母様の方が差別されかねません。

怪しげな健康食品……。これについては、いずれご自分で気が付くのではないでしょうか。本当に効果があるのであれば続けるでしょうし、なければやめるでしょう。使っている自分が一番わかることですから。

きっとお母様には「きれいになりたい」とか、「やせたい」などという、コンプレックスや焦りがあるから使うのでしょうし。ですから、健康食品については、もうしばらくは様子を見るということでもいいのではないでしょうか。

方位学についてては、相談者ご自身も調べてみるという手もあります。悪い方角に行くにも、それなりの覚悟や準備をして行けますし、何よりお母様を上回る知識を習得できれば、「方位学は利用するもので、自分や他人を振り回すものではないのよ」と、逆にアドバイスをしてあげられるようになりますから。

友人の食事マナーが気になる

［女性　50代］

はじめまして。50代の女性です。私は最近になってランチ会や飲み会が増えたせいか、他人の食べ方が気になって仕方ありません。

複数の人が集まると時々いる、まるで動物のような早食いで音を立てて食べる人……。一人でもこういう方がいると、せっかくのおいしい食事も、すてきなお店の雰囲気も全てが台無しに感じられ、どんなに教養ある人でも嫌いになってしまうのです。

そして、困ったことに自分の義母もそんな食べ方をするのです。ただ、義母とはふだんは離れて暮らしているので、年に数回の我慢と思っています。

先日、友人たちと海外旅行に出かけてフレンチレストランに行こうという話がありましたが、そのうちの一人が獣のような食べ方をするので、海外で同じテーブルで食事をするなんて恥ずかしい！と思い、それが理由で旅行に行くこと自体も、お断りしてしまいました。

しかし、そんな「獣食い」の友人と一緒に旅行に行くことが平気な人もいるわけで、「こんな狭量な自分ではいけない」と思う気持ちもあるのです。友人に食事のマナーについてアドバイスをするにしても、そんなことで人間関係が悪くなってしまうというのも嫌ですし……。

どうしたら自分の中で折り合いがつけられるのでしょう。マナーにもお詳しい美輪さんに教えて頂きたいです。

回答

いろんな事情に思いをはせて

この地球上にはざっと70億人が生活していて、その育ちや環境、家庭が裕福だったか貧しかったか、文化がどう違うかなどで、大人になるまでに身につけた「しつけ」やマナーにも差があります。

私の知り合いの中でも、貧しい家庭環境で育ち、マナーを身につける余裕もなかったという方はたくさんいらっしゃいます。この相談者のお友達も、そういう環境で、そういう親に育てられ、その親を愛しているかもしれません。

ご自身でもわかっていらっしゃるようですが、ある程度の年齢になった人に、マナーについてアドバイスをするのは、相手のプライドを傷つけることになりますからいけません。

相談者の方は、お友達の育った環境について思いをはせてもらいたいです。あなたの所作や、立ちふる舞い、ものの考え方を、他人が見たら「獣食い」どころか、人格や人間性を疑われかねませんよ。

「人のふり見て我がふり直せ」といいますが、ご自身についても謙虚に考えた方がよろしいのではないですか。お友達に対する思いやりや、受け入れる優しさを持って欲しいと思います。

人には、それぞれいろんな事情があります。体が不自由な人だって、「獣食い」するしか、食事をする方法がない方がいらっしゃいます。そういう方に対して、同じような態度はとれませんよね？　他人のマナーに対して、自分自身が傲慢《ごうまん》になっていないか。それを考えることこそがマナーなのです。

きっとお友達は、あなたにそんな風に思われているなんて全く思いもせず、人として信じていると思います。でも、あなたが本当は「嫌だ」と思っていると知れば、どう感じるでしょう。

「舌鼓を打つ」という言葉があります。外国ではスープを飲むのに音をたててはいけないといいますが、日本では、そばをすするのも汁を飲むのも、文化なのです。そもそも、生まれた国や家庭によって、常識も違います。お友達の方を、受け入れてみませんか？

相談者に「こんな狭量な自分では」という思いがあるのは、救いです。その思いをふくらませて下さい。心の中で相手を馬鹿にしながら一緒に食事をするのは、無教養で不作法な人間のすることです。それでは相手にも失礼ですから。狭量なご自分と向き合って今後の人生を過ごして下さい。

夫が他界、供養はどうすれば？

［女性　60代］

60代女性です。夫が他界しました。日頃から二人で「死とは年齢順でも病気になった順でもなく『天命』だ」と語っていましたので、2年の余命宣告を受けた後も冷静に受け止めることができました。

手術はできず、延命治療もしない選択をしました。葬儀は本人の希望で、無宗教で営みました。お墓についても、全ての宗教を受け入れる、誰もが入れる墓地を選びました。小さな墓石ですが、自分たちでデザインできるので、好きな言葉や、亡くなる数週間前に夫が描いた花のスケッチを入れて、楽しく発注しました。

そんなことが一段落し、ほっとしていたのですが、たくさん並んだお墓を見ているうち、我が家は無宗教なので、お経をあげてもらうことも、神主さんに祈ってもらうこともないことに気づきました。私が供養として何かをしなければいけないのか、でも何をすればいいのかわからず、困っています。

私の実家は仏教徒でしたので、葬式や法事の際は住職さんの話に聴き入っていました。主人の実家は神道でした。彼は死後の世界を信じていましたが、今まで無宗教ながら神社仏閣にお参りしていましたが、急に死後の世界がどうなっているのかも気になっています。

夫は、あの世で幸せでしょうか？　私は、どうしたらいいでしょうか？　よろしくお願いします。

回答

ご主人を安心させるような生活を

「誰もが入れる墓地」という選択は正解だと思います。好きだったギターの形をしたお墓など、もう随分と前から、ご自身たちで考えたデザインのお墓がありますよね。

そもそも、亡くなった方の供養をするか、しないかというのは、この世に残された人の問題です。私がこの60年間、毎日必ず30~40分、仏間でお経をあげている理由は「私は、これだけのことをしている」と思えるから、という面もあります。

ご主人のご実家は神道なのですよね。それでは、供養がご主人の問題というより自分自身の問題であると自覚したうえで、いくつかの神社の神主さんにご相談するのがいいのではないでしょうか。神社にも色んな種類や規模があるでしょうから、何カ所かの神社に相談に行かれてはどうですか。古くからある由緒ある宗教でも、新興宗教でも、本物もあれば偽物もありますので気をつけて下さい。

また、当然ですが神社仏閣の神主さんやお坊さんであっても、立派な人もいれば、そうでない人、完成度の低い人や修行中の人もいます。そういうことも念頭に置いて頂きたいと思います。

ただ、「あの世で夫は幸せでしょうか?」ということについては、私は霊能者ではありませんので、わかりません。よく勘違いされるのですが、私には、そういった能力はないのです。

霊が存在するのか、しないのかは、心の問題であり、知識と考え方の問題でもあります。霊的な世界があるものとして成立している宗教などを、ただ単に「科学的か非科学的か」ということだけで全否定するのもどうなのかなと、私は思います。なぜなら、科学はまだまだ開発途上のものなのですから。

一つだけ確実に言えるのは、お墓の前でご主人に愚痴をこぼしたり、泣いたりわめいたりすることは、なさらない方がいいですね。仏教でたとえると、成仏するということは、字のとおり「仏に成る」ということなのです。

まずは相談者の方が「私も、こちらの世界で頑張っているから」と、あちらの世界にいるご主人を安心させてあげるような日々を送ることを心がけるのがよいのではないでしょうか。

実は、それこそがご主人を救うと思いますし、何よりも相談者自身も救われるということなのです。結局、自分を救うのは自分自身。どうか、ご自分を大切にこれからの日々を過ごして下さい。

ある政治家のせいで情報にうとい

［男性　40代］

私は、ある有力政治家のことを、生理的に拒否反応を示すほど受け入れられません。

彼の打ち出す政策が相いれないという理由はあるのですが、何というか、学生時代の「全く話の合わないクラスメート」のような感じがしています。

そういうクラスメートに対しては、自分の気分が悪くならないよう、できるだけ近くに寄らないようにしたり、話さなくていいよう距離を保つ位置取りをしたりして、自分のペースを乱されないよう生きてきました。

今、私はいい年をした社会人ですが、こういった考え方は、世間を生き抜くための人生の知恵のようにも思います。

具体的には、彼が画面に映ると、私は瞬時にテレビを消します。新聞で彼の何らかのコメントが掲載されたり、写真を目にしたりすると、その他の記事も読む気が失《う》せます。こういった時、自分はひどいしかめっ面をしていると思います。

ただ、ニュースや新聞から遠ざかってきたせいで、世の中の情報に疎くなってきているのは間違いありません。家族に「お父さん、こんな大きなニュースなのに知らないの？」と言われることが度々あります。あの政治家が、私に必要な情報をブロックしているのです。

一方、「彼がどうあろうと、世の中のことには関心を持って生きていくべきだ」という自分もいて、どうすべきか悩んでいます。

回答

嫌いでもニュースを追うこと

まず第一に申し上げておきたいのは、「その政治家」に対して、そういった感情をお持ちになるのは、何もあなたばかりじゃありません、ということです。

そのうえで付け加えますが、「顔も見たくない」「生理的に受け付けない」とはいえ、政治や社会、国際問題について、「取るに足らない毒人間」のために知識を深めるのを邪魔されるというのはもったいないと思いませんか？　そんな政治家のせいで、家族にまで呆《あき》れられるというのは損ですし、情けないことです。

それよりも、冷静に世の中を見つめた方が得策です。多くの人が嫌う政治家だって、支持者がいるからこそ選挙に通り、政治家たりえるのです。それはなぜか。多くの場合は、組織票です。企業や団体の便宜を図ることで支えられているのです。つまり、利害関係ですよね。「投票はしたけれど、本当は嫌い」という人も結構いると思います。

毒蛇や毒を持つ植物など、自然界は毒だらけ。不気味な動植物はたくさん存在するんです。人間も同じで猛毒の人はいます。しかも、毒のある人間が支持されて、権力を持つということだって、歴史上珍しくはありません。ですから繰り返しますが、相談者の方が抱く嫌悪感というのは正常だと思います。

しかし、ご自身の人生のためにも、報道はご覧になった方がいいです。アメリカでもトランプ大統領に対して、ものすごく憎しみを抱いている人と、猛烈に支持をする人に二極化していて、現在の世界情勢は、いろんな国で似通っているのかもしれません。ただ、嫌いであっても自分の国に影響を与える人のことは直視するべきなのです。

ニュースを見ないと分析もできません。しっかりと見て、分析をすれば、その嫌いな政治家のことを「哀れな人だな」とさえ思えることだってあるでしょう。

相手がまともな人間で、ある程度の品位を持っているという前提で考えるから腹が立つのかもしれませんが、ニュースをしっかり追えば「政治家以前に、人としてもダメな人」と痛感することだってあります。そうすれば、「彼」を突き放して見られるのではないですか。

どんな政治家であれ、支持している国民に責任があるということは忘れてはなりませんが、うそやパフォーマンスなどの言動を見逃さず覚えておくためにも、科学者的なクールな目線で「毒人間」の生態を観察すべきでしょう。

「原爆の街」に住むのが不安

［女性　30代］

30代後半の女性です。可能でしたら、美輪さんにアドバイスを頂きたい相談があります。

私は小学生の頃、原爆をテーマにした漫画『はだしのゲン』を読んで以来、広島に対して「怖い場所」というイメージを抱いており、考え出すと夜も眠れません。広島在住の方には大変申し訳ないのですが、以前は「一生広島を訪れることはないだろうな」と思っていました。

しかし、縁あって数年前に結婚した相手は、広島出身の同年代。二人の子どもにも恵まれました。夫の実家に帰省する際は、いつも「瀬戸内地方のいい街だな」と感じています。

ただ、結婚当時は想像もしていなかったのですが、「Uターンしたい」という夫の希望で、関東から広島市内の中心部に一家で引っ越すことになりました。夫は大学時代に上京して就職したのですが、先日、広島での転職先を決めてきたのです。

一時的に帰省するのと永住とでは大違い。私はとても不安に思っています。広島に対するイメージを拭えないまま引っ越し、現地で生活していけるのか、ストレスにならないか……。

夫にも打ち明けたところ「今は平和だし安全。全然怖いところなんかじゃないから安心しなよ」と言われますが、私はまだ心のどこかでモヤモヤしています。

前向きに暮らしてゆくには、どうすればいいでしょうか。

回答

戦争の経緯や被害を知るべきです

この相談者の方は、広島に対する先入観がこびりついているようですね。まず、なぜ怖いのか。おばけなんて出ません。何が怖いのかというと、戦争ですよね。戦争が怖いのは、当たり前です。

広島だけでなく、あの戦争では日本中が焼け野原にされました。今ではまるで戦争がなかったかのような街並みですが、東京や横浜、大阪の大空襲後の写真をご覧になって惨状を実感して下さい。

私も長崎で原爆を体験しました。長崎では山や丘が爆風などから人々を守った分、広島の方が被害が大きかったのですが、要はあの戦争では、日本中が灰にされたのです。「怖い」というなら、あなたが今まで住んできた街だって同じではないですか。

そもそも、なぜ戦争が起きるのか。今の子どもや若い人は、日本のひどい歴史や悲惨な過去を、あまりにも知らなさすぎです。親から「子どもたちに残酷な話をするな」と苦情がくるのが面倒で、学校で先生が教えていないのでは？　まずは、教育委員会の人や教師たちを教育し直さないといけないのではないかと思うほどです。相談者の方も、戦争の経緯や被害から目を背けず、もっと知るべきです。

原爆ドームは戦争反対のシンボルで世界遺産。怖いどころか、そんな場所の近くに住めるだなんてお子さんの教育にももってこいで、悪いことではありません。広島には同じ世界遺産の宮島（厳島神社）もあり、大変美しい場所です。

それから、相談者は「広島イコール原爆」と無条件で結びつけてしまうように、マイナス思考の部分もあるように思えます。情緒的にものごとをとらえず、冷静に分析して下さい。プラス思考にする発想の転換も重要です。

もう一点。人間が生きるうえではストレスや、つらい決断もつきものですが、そんな日常生活のとげとげしいものを和らげるために文化があります。美術や文学、音楽、スポーツ、演芸といった数え切れない文化は、何もぜいたくのためにあるわけではありません。

家の中に花を飾ったり、本物じゃなくてもいいので、有名画家の作品の写真を目に入る場所に置いたりと、生活空間にもロマンを取り入れてみてはいかがでしょうか。30代ならば、成長する余地はまだまだいくらでもあります。

強引なセールスにイライラ

［専業主婦　50代］

50代で専業主婦をしている者です。

主婦といっても、ここ数年は年老いた実家の母親の世話や、施設に入居している父親のことで、何かとバタバタ忙しくしており、疲れ気味です。そんなこともあって、ひっきりなしに自宅に来るセールスや、電話でのセールスに、必要以上にイライラしてしまうのです。

土地・不動産の運用についての勧誘、証券・投資信託の営業の人たちが、多い時で週に何度もやってきます。春になると、新入社員の飛び込み営業も多く、チャイムを押して「出てきて下さい」と言われ、扉を開けると、また営業。

断って扉を閉めるたびに「あー！　もう嫌！」と叫びたくなるほどです。

飛び込みだけではなく、つきあいのある取引先の金融機関の営業担当者にも腹が立ってしまうことがあります。こちらは「忙しい」と伝えているのに、突然訪ねてきて、営業活動をされることがあるからです。

ある程度強引な営業は仕方ないと思う部分はあるのです。それでも、私の都合に対して一切お構いなしの態度には、本当にうんざりしてしまうのです。

少々嫌なことがあってもイライラせず、もっと大きな心で受け止めるべきなのか、心の持ちようや対処方法を教えて頂けますでしょうか。

美輪明宏さんからのアドバイスをお願い致します。

回答

「うるせえ！」ガチャリのことも（笑）

この相談者の気持ちは、とってもわかります。我が家にも、セールスマンが電話をかけてきますからね。

最近は電話での詐欺も横行していますが、相手が直接来るとなると、泥棒の下見を疑います。拙宅はカメラはもちろんのこと、防犯システムの会社と警察に即連絡がいくようになっていますが、いずれにせよ、しつこい勧誘には困ったものですね。

私の場合は、ひっきりなしというほどではないですが、本当にイラッとしたら、怒鳴りつけます。意外でしょう（笑）。相手も生活がかかっていて、成績による歩合制で給料も違うのでしょう。上司に怒られたり、同僚に恥をかかされたり、ということもあるのでしょうか。それはそれは大変な覚悟でやってきます。「女房、子どもを食わせないといけない」という決意すら感じることがあります。

そんな事情は、私にもわかっています。だから最初は丁寧にお断りしますけれども、何度説明しても同じ人間がかけてくる。こうなると、本当にダメですね。私も相談者の方と同じ気持ちになります。では、どうするか。まあ、怒りますね。「あなたね、これ以上しつこいと、警察を呼びますよ」と。

相談者の方は一軒家にお住まいでしょうか。それだと土地の登記も調べられますし。

初歩的なことですが、とにかく玄関に「セールスマンお断り」という貼り紙はしておいた方がいいと思います。とにかく、顔を合わせる前に「売りません。

買いません」という意思表示をしておくと、先手を打てます。

ただ、「イライラしない方法」というのは……。実は私も、こういうことに対しては本当に気の荒い人間ですから、はっきりいって「怒鳴りつけるのはどうでしょう?」ということぐらいしか助言できないかもしれませんね。

ただ、まずは貼り紙ですね。しつこい電話については、もう「うるせえ! 二度とかけるな。訴えるぞ!」ってガチャリです(笑)。相手が有名な不動産会社であろうが、一流銀行であろうが、そんなの関係ありません。

高齢の住職に侮辱された思い

［女性　50代］

50代の女性です。父が亡くなり、遺骨は母の希望で1年間、居間に置いておりました。その後、一周忌に納骨した時のこと。私が子どもの頃から知っている高齢の住職による法要が始まりましたが、最初から異変を感じたのです。ろれつが回らないあいさつの後、故人である父の名前を間違え、ふにゃふにゃのお経が始まりました。その後の説法で、私たちは更に困惑しました。「〇〇さん（名字）は献体に出されたとうかがいました。昔の献体は3年ほどかかったのですが、今は1年で戻ってくるのですね」……。意味がわかりません。そのうえ「〇〇家は女性三人で跡取りがいないとのことですが、三十三回忌までやって頂かないと困る」と、寺の都合を一方的に話すのです。

どうやら、高齢のご住職、認知症のようで、父の他界後、遺骨をすぐに納骨しなかったことから、献体したと勘違いしたようでした。

法要後、母に「あの寺に、いくら包んだのか」と問いただすと、数十万円払ったというのです。正直、「あんな坊さんに、そんなにも」と思いました。

父の名を間違えられた時は悔しく、父を侮辱された思いでした。父本人は、この出来事を空の上で、いったいどんな風にみているのでしょうか。この出来事から私は何を学べばよいでしょう。お教え下さい。

回答

老いを学び、慈悲の心を持って

これは、ある意味仕方がない部分もあるのではないでしょうか。お寺も人材不足で、後継者に悩んでいるところが多いといいます。ろれつが回らない、お父様の名前を間違える……。悲しいですね。

相談者は健康だから、そういう視点でしか見られない。私は、それが悲しいと思います。このような出来事は、高齢化が渦巻いている現代の日本社会では、どこでも起きているのではないかと。

まず、住職の方に悪気があるわけではありません。それは相談者の方もおわかりですよね？

お父様のお名前を間違えられたことについては、侮辱されたという思いよりも慈悲の心で「わざとではなく老いのせいなのだ」と思ってみませんか。

今回のことをおおらかに受けとめられなければ、今後もささいなことで「あの時、あんな目に遭った」などと、何かと言いがかりをつけたい気持ちになってしまうのではないでしょうか。

「この出来事から私は何を学ぶべきか」という問いについては、「老いを学んで下さい」とお返し致します。もう50代なのですから、明日は我が身だと心して下さい。

お寺や神社は、無人になっているところが多いといいます。日本中に過疎の村や町、シャッターの下りた商店街があります。そういった事情を知ると、ご住職に対する見方も変わってくると思います。どの都市も、どんどん衰退していっているのです。ご自身、ご家族、そして日本に住む人々が置かれた状況を、しっかりみてほしいです。

健康問題、少子高齢化、不況、人手不足、いろんな問題が吹き荒れているのが、現在の日本です。そして、相談者自身も、そんな世の中に巻き込まれながら生きているのです。

腹を立てるよりも、住職のことや、ご自分のことを心配して下さい。「この人、これほど認知症が進んでいて、今は誰が面倒をみているのだろう」「後任の人はいるのだろうか」「私もそうなったら、どうしよう」などと、想像することは、難しくないはずです。

かなりの人々が、自分の意思とは関係なく、あちこちさまよい歩き、見知らぬ人に「私の行き先はどこでしょう」と尋ねる日がやってくるかもしれません。決して特異なことではないのです。それが日本の現状なのですから。

おわりに

もう何年になりますか忘れてしまいましたが、本当に長い間、朝日新聞土曜別刷beでの連載「悩みのるつぼ」をお読み頂いて感謝しております。

この世の中では、小さなお子さんから高齢者の方まで、生きとし生けるもので、悩みや苦しみ、コンプレックスを持っていない人間は一人もいないわけで、みんなそれぞれに、病気、ケガ、対人関係、仕事のことなど、多岐にわたる悩みを抱えています。

悩みを複数抱えている方や、孤独地獄に陥って心が苦しい方など、全てがデジタル化された世の中では、悩みの数も種類も増える一方です。

その悩みに対して答えを求められても、多岐にわたる答えにならざるを得ませんし、紙幅に限りがありますので、舌足らずの部分もあるかと思います。どうか、そのような事情をおくみ頂いて、お読み下さればと思います。

本書のタイトルを『おだやかに生きるための人生相談』としましたのは、心おだやかに生きるのがますます難しい時代になってきたと感じているからです。

令和の時代がみなさまにとって、少しでもおだやかなものになることを、お祈り申し上げます。

美輪明宏

本書は二〇一五年八月〜二〇一九年一月、朝日新聞土曜別刷beに
掲載された「悩みのるつぼ」四〇回分を再構成したものです。

美輪明宏（みわ・あきひろ）

1935年、長崎市生まれ。国立音大付属高校中退。16歳でプロ歌手としてデビュー。1957年「メケメケ」、1966年「ヨイトマケの唄」が大ヒットとなる。1967年、演劇実験室「天井桟敷」旗揚げ公演に参加、『青森縣のせむし男』に主演。以後、演劇、リサイタル、テレビ、ラジオ、講演活動などで幅広く活動中。1997年『双頭の鷲』のエリザベート役に対し、読売演劇大賞優秀賞を受賞。2018年秋には東京都より多方面での功績をたたえられ、平成30年度「名誉都民」の称号を贈られた。

美輪明宏公式携帯サイト『麗人だより』
http://www.reijindayori.jp/

おだやかに生《い》きるための人生相談《じんせいそうだん》

2019年9月30日　第1刷発行

著　　者　美輪明宏
発 行 者　三宮博信
発 行 所　朝日新聞出版
〒104-8011　東京都中央区築地5-3-2
電話　03-5541-8832（編集）
03-5540-7793（販売）

印刷製本　大日本印刷株式会社

ISBN978-4-02-331840-3
定価はカバーに表示してあります

落丁・乱丁の場合は弊社業務部（電話03-5540-7800）へご連絡ください。
送料弊社負担にてお取り替えいたします。